AF561397

INDICATEUR

DES

SOIES & SOIERIES

EN GÉNÉRAL

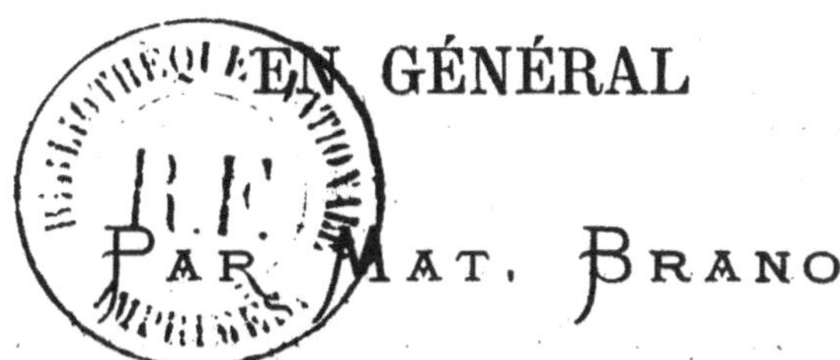

PAR MAT. BRANO

1874  1874

LYON
MONITEUR DES SOIES
14, rue de la Bourse.

DÉPOT
CHEZ LES LIBRAIRES
France et Etranger.

AUX LECTEURS

L'édition de 1873 de l'Indicateur des soies et soieries a laissé beaucoup à désirer, mais nous prions de se rappeler que c'était là un premier pas.

Celle de 1874, beaucoup plus complète, est également beaucoup plus exacte. Nous n'avons retardé son apparition que pour mieux remplir ces deux conditions indispensables à toute publication de ce genre.

Avons-nous réussi ? Nous l'espérons ; aussi ne regretterons-nous pas nos efforts.

L'éditeur.

LYON

Chambre de commerce de Lyon

Palais-du-Commerce

La Chambre de commerce de Lyon a été fondée par arrêté du 30 août 1701. La Révolution de 1789, en détruisant toutes les parties de l'ancienne législation commerciale, emporta la suppression de la Chambre de commerce de Lyon ; elle disparu avec le décret du 16 octobre 1791, et fut rétablie en l'an XI de la République, par arrêté du 3 nivôse. La Chambre de commerce de Lyon, composée à l'origine de neuf membres, en compta quinze dès cette époque, et ce nombre a été porté à dix-huit, par décret du 1er mars 1872. Elle se renouvelle par tiers tous les deux ans, et par voie d'élection ; ses membres sont indéfiniment rééligibles. Elle nomme son président dans son sein. Le préfet du département du Rhône est membre-né et président d'honneur.

Liste des membres.

Galline (Oscar), ✻, banquier, rue de Lyon, 13.
Pariset, ✻, fabricant de soieries, rue Royale, 29.
Vindry, teinturier, place de la Miséricorde, 4.
Perret (J.-B.), ✻, produits chimiques, quai Saint-Clair, 35.
Delarochette, ✻, dr de hauts-fourneaux, cours du Midi, 11.
Vidal (A.), ✻, négociant en toileries, r. de l'Hôtel-de-Ville, 38.
Sevène, fabricant de soieries, rue de Lyon, 1.
Lyonnet, ✻, épicier en gros, rue Bât-d'Argent, 31.
Gourd, fabricant de soieries, quai de Retz, 1.
Côte, fabricant de soieries, grande rue des Feuillants, 6.

Desgeorge (Alp.), marchand de soies, rue Puits-Gaillot, 19.
Lilienthal, marchand de soies, rue du Garet, 3.
Roë, marchand de soies, maison Guérin, rue Puits-Gaillot, 31.
Chartron, marchand de soies, rue de l'Arbre-Sec, 11.
Fougasse, ✻, ancien commissionnaire, rue Ste-Catherine, 11.
Duc (Marius), courtier, place de Lyon, 44.
Mulaton, fabricant de produits chimiques, rue Neuve, 12.
Roche (Alix), commerçant en vins et liquides, à Villefranche.

Bureau.

Président d'honneur, M. le Préfet du Rhône.
Président élu, M. Galline.
Vice-Président, M. Pariset.
Secrétaire-Trésorier, M. Lyonnet.

Secrétariat.

Secrétaire-archiviste, M. Tisseur (Jean), ✻, rue de la Reine, 10.

Le secrétariat est ouvert tous les jours non fériés, de 11 heures du matin jusqu'à 4 heures après-midi.

Bibliothèque.

Bibliothécaire, M. Morand (Marius), rue de Lyon, 85.

Le public est admis les mardi, mercredi et samedi de chaque semaine, de 1 heure à 3 heures.

Concierge de la Chambre, M. Chapuis, rue Pizay, 5.

Tribunal de Commerce

Palais-du-Commerce.

Président.

Brolemann (A.-A.), quai de l'Est, 14.

Juges.

Audibert (L.), quai des Brotteaux, 14.
Favre, rue Sainte-Monique, 3.
Faure, rue Sainte-Hélène, 33.
Mauvernay, place Tholozan, 21.
Bonnevay, quai Saint-Vincent, 30.
Girerd, rue du Bât-d'Argent, 12.
Jandin, rue Puits-Gaillot, 31.

Clavel, rue Thomassin, 34.
Boucaud, cours Morand, 45.

Juges suppléants.

Jacquand (Ant.), rue d'Oran, 2.
Joannon, rue Tronchet, 75.
Seguin, place Bellecour, 5.
Mouisset, quai Saint-Vincent, 34.
Thomas, rue de la Bourse, 39.
Vautier, quai Saint-Antoine, 30.

Juge questeur.

Audibert.

Juges pour les enquêtes.

Favre, Faure et Mauvernay.

Juges certificateurs.

Bonnevay, Girerd, Jandin, Paule, Clavel, Boucaud.

Juges pour parapher les livres.

Jacquand, Joannon, Seguin, Mousset, Thomas, Vautier.

Greffier.

Chantillin, quai Saint-Vincent, 47.

Commis greffiers assermentés.

Buchet, quai de l'Hôpital, 10.
Chipier, rue Moncey, 17.
Pinet, rue de Vendôme, 185.

Huissiers-audienciers.

Bret jeune, place Saint-Pierre, 2.
Borgat jeune, rue de l'Hôtel-de-Ville, 37.
Balmont, rue de Lyon, 28.

Secrétariat de la présidence.

Garrone, secrétaire, quai Saint-Vincent, 43.
Mazoyer, sous-secrétaire, rue Constantine, 6.

Audiences.

Lundi, Mardi, Jeudi et Vendredi, à 5 heures du soir.
Mercredi, 1re et 2e Chambres du Conseil, à midi.

Le greffe du Tribunal, situé au Palais-du-Commerce, est ouvert tous les jours non fériés, de 8 heures du matin à 4 heures du soir, sans interruption.

Le secrétariat de la présidence, où se trouve la comptabilité des faillites, est situé au Palais-du-Commerce; il est ouvert tous les jours non fériés, de 10 heures du matin à 3 heures du soir.

M. le Président reçoit à la présidence de 1 heure à 3 heures du soir, les mardi, jeudi et vendredi de chaque semaine.

Brenot (C.) ✻, concierge du Tribunal, rue Champier, 5.

Conseils des Prud'hommes

Palais-du-Commerce.

Favrot, président, quai de l'Hôpital, 9.
Gourd (A.), vice-président, quai de Retz, 15.

Section de la soierie.

FABRICANTS

Tapissier, place Tholozan, 26.
Bollud, à Villeurbanne.
Pin, quai Saint-Clair, 8.
Laboré, rue Puits-Gaillot, 33.
Faye, place Tholozan, 21.
Piotet, grande-rue des Feuillants, 4.
Fornas, rue Lafont, 6.
Arlin, place Croix-Pâquet, 11.

CHEFS D'ATELIERS

Gadoux, rue d'Ivry, 32.
Duchon, boulevard National, 153.
Volay, rue Richan, 3.
Saint-Maurice, chemin de la Favorite, 16.
Brosse, rue Saint-Bruno, 3.
Droz, rue d'Ivry, 15.
Lafontaine, rue de Chartres, 17.

Section de la dorure et passementeries.

Fichet, rue Terme, 20.
Louis, rue de Lyon, 8.
Multier, rue de Lyon, 7.
Palut, rue de Vauban, 85.
Truchet, rue Neyret, 13.

Section des tulles et bonneterie.

Berthaud, place Rouville, 6.
Berliet, rue de Lyon, 5.
Serve, rue de la Tour-du-Pin, 5.
Michallet, rue Jacquart, 42.

Section de la chapellerie.

Bergé, rue du Palais-Grillet, 32.
Félizat, rue Creuzet, 8.
Rodde, place Saint-Louis, 29.
Champin, rue des Remparts-d'Ainay, 35.

Section de la teinturerie.

Renard, quai de Pierre-Scize, 53.

Gillet, quai de Serin, 9.
Cuzas, rue Rivet, 9.
Loye, rue Mercière, 53.

Avocat du Conseil.

M. le Bâtonnier de l'Ordre.

Médecin du Conseil.

Passot, rue du Plat, 16.

Secrétariat du Conseil.

Poly, secrétaire, place Sathonay, 1.
Guiot, secrétaire-adjoint, rue Garibaldi, 63.
Fonbonne, huissier, rue Ferrandière, 34.

Ouvert tous les jours non fériés, de 10 heures du matin à 2 heures du soir.

Conservatoire des échantillons de tissus, vérification de plaques et cylindres pour la Jacquard.

Dova, conservateur et vérificateur, rue d'Ivry, 31.
Ouvert les mardi, jeudi et samedi, de 10 heures à 1 heure.

Référé de M. le Président.

Lundi, mercredi et vendredi, de 10 h. à 11 h. du matin.

Audiences pour la soierie.

Lundi, mercredi et vendredi, à 6 heures du soir.

Arbitrages.

Lundi, mercredi et vendredi, à 10 heures du matin.

Audiences de la passementerie, la dorure, la chapellerie et la teinturerie.

Lundi et mercredi à 10 heures du matin.

Audiences des tulles et de la bonneterie.

Le lundi de chaque semaine, à 5 heures 1/2 du soir.

Caisse de prêts pour les chefs d'ateliers tisseurs.

Grand-Clément, agent comptable, quai Saint-Antoine, 20.
Depalme, teneur de livres, rue Saint-Denis, 16.
Ychalette, commis-visiteur, rue Imbert-Colomès, 18.
Condamin, commis pour les livrets, rue des Passants, 21.

Ouverte tous les jours non fériés, de 10 heures du matin à 2 heures du soir.

Garçon de bureau.

Viala, rue Mercière, 26.

Syndicat de l'Union des Marchands de soies

26, rue de l'Arbre-Sec.

H. Testenoire, *président;* Chamonard, *vice-président;* Coumert, *secrétaire;* Ch. Payen, *trésorier.*
Membres : Duplay, F. Guerin, Longin et Repelin.

Chambre syndicale de la fabrique lyonnaise

7, rue de Lyon.

Albert Giraud, *président;* A. Chavent père, *vice-président;* Cathelin, *secrétaire;* J.-M. Piotet, *trésorier.*
Membres : Barral-Camus, G. Cornu, A. Clerc, L. Emery, P. Gauthier, A. Gindre, A. Galle, A. Guinet, S. Guyot, Perrin, Paule, Poncet, Ray jeune.

M. Réné Mas, *secrétaire-archiviste*, 7, rue de Lyon.

Commission de la Cote des soies

Marchands de soie :

MM. Lilienthal, *président;* Amédée Desgeorges ; Paule, de la maison Louis Desgrand ; Longin.

Courtiers :

MM. P. Barrel, Brachet, Besson, Roque, Raynaud, Giraud, Mazeirat.

Fabricants :

MM. Gourd, Trapadoux, Adam, Ritton.

Société de garantie contre le piquage d'once

7, rue de Lyon.

E. Repelin, *président;* J. Thevenet, *vice-président;* O.-C. Faye, *secrétaire;* Amédée Desgeorge, *trésorier.*
Conseillers : A. Galle, J.-A. Marnas.

Vincent Charvet, *secrétaire-archiviste*, 7, rue de Lyon.

Condition publique des soies

7, rue Saint-Polycarpe.

Cet établissement, créé par un décret du 23 germinal an XIII, a pour destination de ramener toutes les soies qu'on y dépose à un degré uniforme d'humidité. Elles sont pesées à leur entrée en condition et au moment de leur sortie. Le poids auquel la dessication les a réduites fait foi entre le vendeur et l'acheteur.

Une Ordonnance royale du 23 avril 1841 a complètement changé le procédé de conditionnement prescrit par le décret de fondation ; et celui qui est actuellement suivi a pour base la dessication absolue de la soie.

Les opérations de l'établissement de la Condition des soies de Lyon sont assujetties aux dispositions déterminées par le Gouvernement, sous l'administration de la Chambre de commerce de Lyon, laquelle délègue en outre, chaque mois, deux commissaires choisis, l'un parmi les marchands de soie, l'autre parmi les fabricants d'étoffes de soie, pour surveiller l'exploitation.

La gestion de l'établissement est confiée à un directeur comptable et responsable, nommé par le Ministre du commerce, sur la présentation de la Chambre de commerce, et qui exerce ses fonctions sous l'inspection d'une Commission administrative, composée du président et de cinq membres de ladite Chambre.

Commission administrative :

Galline, ✱, président.
Pariset, ✱, vice-président.
Roë, Lilienthal, Desgeorge, Gourd, Sevène.
Perret, directeur, à la Condition.
Bouillard, contrôleur, rue Pizay, 4.

La Condition est ouverte au public de 9 heures du matin à 5 heures du soir.

SOCIÉTÉ LYONNAISE DES MAGASINS GÉNÉRAUX

Autorisée par décret impérial du 29 octobre 1859.

Siége de la Société et Direction générale :

A LYON, place des Pénitents-de-la-Croix, 4.

Succursales :

A AVIGNON, autorisée par décret impérial du 10 octobre 1863, bureaux, rue de la République, 11 ; docks au boulevard Saint-Roch.

A MARSEILLE, autorisée par décret impérial du 10 septembre 1864, quai du Canal, rues de Thiars et de la Paix.

Ces établissements existent et fonctionnent en conformité de la loi du 28 mai 1858.

Celui de Lyon fût ouvert au mois de juillet 1860, et les deux succursales immédiatement après les décrets d'autorisation.

Notre ville est redevable de ces créations à la *Société lyonnaise des Magasins généraux*, Société anonyme, fondée d'abord avec des éléments exclusivement lyonnais, et qui compte aujourd'hui parmi ses Actionnaires et Administrateurs les notabilités de la finance et du commerce, à Lyon, à Avignon et à Marseille.

Elle est administrée par un Conseil de dix-huit membres et surveillée par un Comité de trois censeurs.

11 membres du Conseil résident à Lyon.
3 — — — à Avignon.
3 — — — à Marseille.
1 — — — à Paris.

Les trois censeurs résident à Lyon.

La direction de la Société est confiée à un Directeur général résidant au siége de la Société, et à deux Directeurs particuliers, un pour chaque succursale.

Ses opérations consistent :

1° A recevoir en entrepôt, dans ses divers magasins, les marchandises ci-après :

A LYON, cocons, soies, déchets de soie et toutes matières textiles filées propres à la fabrication des tissus.

A AVIGNON, toute espèce de marchandises et notamment les garances en racines et en poudre, garancines, cocons, soies et déchets de soie.

A MARSEILLE, toute espèce de marchandises, et notamment les cocons, soies et déchets de soie.

2° A faire des ventes publiques aux enchères, à des époques déterminées ou indéterminées, des diverses marchandises qu'elle est autorisée à recevoir en entrepôt.

COMPOSITION DU CONSEIL D'ADMINISTRATION

Président :

GALLINE (Oscar) ✻, banquier, président de la Chambre de commerce, ancien juge au Tribunal de commerce, administrateur de la succursale de la Banque de France, à Lyon; 1859.

Vice-président :

CÔTE (Théodore) ✻, ancien juge au Tribunal de commerce de Lyon, membre du Conseil d'administration des Hospices; 1864.

Administrateurs :

CHARTRON (Paul), négociant, marchand de soie à Lyon; 1859.

GIRODON (Adolphe) ✻, fabricant d'étoffes de soie, ancien membre du Tribunal et de la Chambre de commerce, à Lyon; 1859.

MONTERRAD (Amédée) ✻, ancien fabricant d'étoffes de soie, membre de la Chambre de commerce, du Conseil d'administration des Hospices et administrateur de la succursale de la Banque de France, à Lyon; 1859.

VERNES (Félix), banquier, à Paris; 1859.

BREITTMAYER (Albert), propriétaire-rentier, à Marseille; 1864.

VERNET (Edmond), banquier, associé de la maison veuve Morin-Pons et Ce, à Lyon; 1866.

GAUTIER (Louis), propriétaire-rentier à Lyon; 1867.

THOMASSET (Mathieu) ✻, ancien notaire, à Lyon ; 1867.

ARLÈS-DUFOUR (Gustave), négociant à Lyon ; 1870.

CHAMONARD (J.), négociant à Lyon; 1870.

LILIENTHAL (Sigismond), négociant, membre de la Chambre de commerce, à Lyon; 1870.

VERDET (Gabriel), président du tribunal de commerce, membre de la Chambre de commerce d'Avignon et du Conseil général de la Drôme; 1872.

CLAUSEAU (Aimé), ancien président du tribunal de commerce, administrateur de la succursale de la Banque de France à Avignon ; 1872.

THOMAS (Joseph), ancien juge du tribunal de commerce à Avignon; 1872.

Censeurs :

CHABRIÈRES (Mathieu), ancien agent de change ; 1867.

SÉVÈNE (J.), fabricant, membre de la Chambre de commerce, à Lyon, 1871.

BLONDIN (J.) ✻, directeur de la succursale de la Banque de France, à Lyon; 1872.

Directeur général :

A LYON, PHILIPPE (Victor), ancien négociant, ancien administrateur de la succursale de la Banque de France, à Saint-Etienne; 1859.

Directeurs particuliers :

A AVIGNON, FABRE (Frédéric), ancien secrétaire de la Chambre de Commerce d'Avignon; 1863.

A MARSEILLE, LAMBERT (César), ancien attaché aux services des Messageries maritimes; 1864.

Commissionnaires et Marchands de Soies

Agence intermédiaire des soies, directeur, PÉTREQUIN (G.), rue Pizay, 12, représentation et commission.

ARLÈS-DUFOUR et Ce, place Tholozan, 19, maisons à Paris, rue du Conservatoire, 11; à Marseille, Saint-Etienne, Bâle et Créfeld. Agences à Zurich et à Milan.

AUVERGNE et MOLLARD, petite-rue des Feuillants, 5.

ARMANDY et Ce, quai de Retz, 8, maison à Paris, rue du Faubourg-Poissonnière, 9.

ASTESANI (A.), rue Désirée, 6.

AUFM ORDT STURNER et Ce, quai de Retz, 6.

BARD, WORINGER et Ce, rue Désirée, 6; même maison à Bâle (Suisse).

BARBEZAT (P.-H.), rue Désirée, 14.

BEAUSER, rue Poulaillerie, 3, soies teintes et écrues.

BERLIER (A.), rue Puits-Gaillot, 17.

BOUTEILLIER (A.), rue Terraille, 13.

BERJON fils, rue Pizay, 7.

BERNASCONNI, rue Désirée, 4.

BESSON frères, rue Saint-Polycarpe, 16.

BIÉ père et fils, quai de Retz, 1.

BLANC-GINDRE (A.), rue du Garet, 4.

BOLDETTI (G.), rue Désirée, 6.

BONY, rue du Garet, 4.

BOULE et HAHN, rue Puits-Gaillot, 1.

BOUILLIER et PEYRET, rue Désirée, 14.

BOUNIARD et VOLLE, rue Désirée, 9.

BOURGAREL-DERIANCOURT, rue Pizay, 3.

Brémal, rue Pizay, 3.
Brunet (P.) et A. Viel, rue Pizay, 5.
Carle (J.), rue du Garet, 3, représentant de soies d'Italie.
Ceresole et Montu, rue de l'Arbre-Sec, 3.
Césano et Zurcher, rue Désirée, 14, et rue Puits-Gaillot, 21.
Chapuizat et Milsom, rue de l'Arbre-Sec, 16.
Chartron père, fils et Monnier, rue de l'Arbre-Sec, 11, filature et moulinage de soies à Saint-Vallier et à Saint-Donat (Drôme).
Chassignol (Toussaint), r. Désirée, 4, et r. Puits-Gaillot, 7.
Chazal (J.), rue Désirée, 4, et rue Puits-Gaillot, 7.
Clarion (L.), rue Désirée, 19.
Comi (Ch.), rue Saint-Polycarpe, 10.
Conrad, rue Puits-Gaillot, 1.
Contant (E.), rue Pizay, 5.
Coumert et Jaillard, rue Pizay, 18.
Creton et Cᵉ, quai de Retz, 4.
Crozet (J.), rue Pizay, 5.
De Micheaux (F.) et Cᵉ, rue Pizay, 16.
Desgeorges et Cᵉ, rue Puits-Gaillot, 19.
Desgrand père et fils, commission en soies françaises et étrangères, rue Pizay, 14.
Desgrand (Louis) et Cᵉ, rue Lafont, 24; maisons à Marseille, rue Mont-Grand, 14, et à Londres, 28, New broad street E. C. Agences à Saint-Etienne (Loire), 14, rue de la Paix, à Bâle et Zurich (Suisse), à Créfeld et Milan.
Desplagnes (J. et E.) frères, place Tholozan 22, et à Saint-Etienne, place Marengo, 3.
Devèze (Louis), place Tholozan, 21.
Domergue (A.), rue Pizay, 5.
Dubois, rue Victor-Arnaud, 21.
Dufour frères et Cᵉ, rue Lafont, 24, soies et marchandises diverses.
Dugas (Prosper), place Tholozan, 22.
Dumontel et Craponne, rue du Garet, 3, maison à Turin (Italie).
Duplay-Balay, rue Puits-Gaillot, 27, soies françaises et étrangères.
Durieux (A.), rue de l'Arbre-Sec, 26.
Eymard (Réné), rue Désirée, 21.
Evesque et Cᵉ et banquiers, rue Puits-Gaillot, 31.
Feroldi (L.) et Cᵉ, rue Pizay, 5.
Ferrieu (J.-A.), rue Lafont, 20, et à Marseille, r. Sainte, 44.
Forrer et Vergnier, soies en gros, laines, fantaisies et schappe filée, rues Lafont, 4, Puits-Gaillot, 2, et r. du Théâtre, 1.

GAMOT (P.) et Ce, rue Puits-Gaillot, 11.
GASSIER (H.), rue Puits-Gaillot, 1.
GAUTHIER, MOLADE et Ce, r. du Griffon, 14, et Puits-Gaillot, 27
GAUTHIER (L.) et Ce, rue Désirée, 14, soies pour tulles.
GERVAIS frères, spécialité de gréges des Cévennes et d'Espagne, rue Puits-Gaillot, 25.
GIRAUD (J -B.), rue Puits-Gaillot, 7.
GUÉRIN (veuve) et fils, rue Puits-Gaillot, 31, maison à Saint-Etienne, sous la raison sociale Veuve GUÉRIN fils et Ce.
HECHT, LILIENTHAL et Ce, rue du Garet, 3, négociants importateurs, commissionnaires en soieries, maison à Paris, 19, rue Le Peletier, à Hiogo et à Yokohama (Japon).
JEANDEAU et Ce, rue Romarin, 31.
JARICOT (veuve) et fils, rue Puits-Gaillot, 21.
LACROIX cousins et Ce, rue Désirée, 15, maison à Londres, 16, New broad street, et à Shanghaï (Chine).
LARIVIÈRE (Henri), spécialité de soies gréges des Cévennes, rue des Capucins, 22.
LAURENT (R.), rue Terraille, 18.
LOMBARD (C.) et Ce, rue Désirée, 19.
LONGIN et Ce, rue Désirée, 16.
MALLIER (P.), rue du Garet, 4.
MALMAZET, PIRJANTZ et Ce, successeurs de Benoît Miroglio, rue Puits-Gaillot, 29, agent spécial à Marseille, J. Blanchard, 34, rue Saint-Jacques, soies gréges et ouvrées.
MARAS (J.) et Ce, rue Puits-Gaillot, 19, maisons à St-Etienne, rue de la Bourse, 1, et à Milan.
MARTIN (L.) et Ce, rue Puits-Gaillot, 7, maisons à la Salle (Gard), à Milan (Italie), et à Valence (Espagne).
MARTORELLI et Ce, place Tholozan, 23.
MAYRARGUE et Ce, rue de l'Arbre-Sec, 40.
MERCIER (Eug.), rue Désirée, 4, et rue Puits-Gaillot, 7.
MEYER SCHINZ et Ce, rue Désirée, 4. Agences en Suisse et en Allemagne.
MOMFAURE et Ce, rue de l'Arbre-Sec, 11.
MONESTIER aîné ✻ et Ce, rue Pizay, 20, et rue de Lyon, 3.
MONTET et ROUGANE, rue Désirée, 14.
OLLAT et BERNASCONI, rue Désirée, 4, et rue Puits-Gaillot, 7, commission en soies gréges et ouvrées.
OLIVIER (B.), rue Terraille, 22.
ORIANI et Ce, rue Désirée, 4, et rue Puits-Gaillot, 7.
OSIO et Ce, rue de l'Arbre-Sec, 18.
PALLUAT (H.) et TESTENOIRE, ✻. Médaille d'argent à Paris 1867, diplôme d'honneur au Havre 1868.

Pattison (J.) et Son, J.-F. Tronel, représentant, rue de l'Arbre-Sec, 16.
Payen (L.) et Ce, rue de l'Arbre-Sec, 9.
Penet Reiser et Ce, rue de l'Arbre-Sec, 13.
Perrin et Vialleton, rue de l'Arbre-Sec, 9.
Pétrequin (Gustave), rue Pizay, 12, agence intermédiaire des soies, représentation et commission.
Raffard et Chassignol, rue Puits-Gaillot, 33.
Rambaud-Thoral et Sestier, quai de Retz, 7, soies en gros, bourre, frisons, cocons et fantaisies peignées en rames.
Repelin, Chaix et Ce, rue Pizay, 9, soies françaises et étrangères.
Revol et Dassier, rue de l'Arbre-Sec, 20, agence à Marseille, Régis Revol, 4, cours Pierre-Puget.
Royer (H.), rue Désirée, 8.
Roustan et Ce, rue du Griffon, 13, maison à Londres, Ethelburga House Wormwood street E.C.
Savio (V.) et Muggiani, rues Désirée, 4 et Puits-Gaillot, 7.
Semenza (E.), rue Pizay, 3.
Seux (A.) et Ce, rue Pizay, 11.
Soldati (V.), rue Lafont, 20.
Simian (A.-O.) et Ce, rue Désirée, 2, commissionnaires, importation et exportation.
Simonod et Chevrier, rue Pizay, 5.
Soviche et Karcher, rue du Griffon, 5.
Thibaudet (F.), Pascalis et Ce, rue Pizay, 22, maison à Saint-Etienne, rue de la Bourse, 14.
Thomas ✻ frères, rue Puits-Gaillot, 2.
Tonoir (A.), rue Désirée, 16.
Tronel (J.-F.), représentant de J. Pattison et fils, de Londres, rue de l'Arbre-Sec, 16.
Udhe (C.), rue Désirée, 13, soies grèges.
Vallelion (J.), rue Puits-Gaillot, 1.
Vitta (baron), rue Lafont, 8.
Vernier, rue Mulet, 8.
Vogel (P.) et Ce, quai de Retz, 1, maison à Paris, 9, rue Faubourg-Poissonnière.

Bourres et Déchets de soie

Arlès-Dufour et Ce, place Tholozan, 19.
Beaurepaire et Rojeas, quai St-Clair, 8.
Beauser, rue de la Poulaillerie, 3.
Boissière (A.) et fils, quai Saint-Clair, 15.
Boucharlat, rue Boileau, 54.
Bouniard et Volle, rue Désirée, 9.
Brante fils, place des Capucins, 2.
Carrier, rue Sainte-Catherine, 13.
Chassignol (Toussaint), rue Désirée, 4.
Chaverot, quai de Retz, 15.
Clunet, rue Saint-Polycarpe, 10.
Comi, rue Saint-Polycarpe, 10.
Comte et Laval, quai Saint-Clair, 13.
Debroas (Mlle), quai de Retz, 10.
Demorey, rue Désirée, 4.
Depay-Brunet, rue Saint-Polycarpe, 10.
Disdier, à la Demi-Lune, par Vaise.
Domergue (A.), rue Pizay, 5.
Dubost, rue Désirée, 19.
Durieux, rue Désirée, 19.
Faure (P.), rue des Capucins, 31.
Fillod (X.), rue des Capucins, 3.
Forrer et Vergnier, rue Puits-Gaillot, 2.
Franc (A.) père et fils et Martelin, rue Neuve, 7.
Françon, rue Vieille-Monnaie, 15
Gamot et Delahaye, rue Vieille-Monnaie, 33.
Igonnet et Ce, quai Saint-Clair, 16.
Imbert et Solari, rue des Capucins, 24.
Johnson (S.), rue Désirée, 2.
Laresse (Ch.) et Ce, place des Cordeliers, 10, manufacture de fleuret, filoselle et bourre de soie en tous genres.
Levet et Ce, rue Saint-Claude, 4.
Maillet (P.), rue Pizay, 22.
Mestrallet, rue Sainte-Catherine, 19.
Moretton et Ce, rue Désirée, 5.
Olph-Gaillard et Ce, rue des Capucins, 3.
Paradis et Ce, rue Vieille-Monnaie, 33.
Pasquet, Knoeri et Ce, rue Vieille-Monnaie, 33.
Raffard et Chassignol, fantaisie, rue Puits-Gaillot, 33.
Rambaud-Thoral et Sestier, frisons, quai de Retz, 7.
Riondel, rue Puits-Gaillot, 15.

Royané (S.) et fils, rue de l'Hôtel-de-Ville, 7.
Sabatier, rue des Capucins, 22, et rue Coustou, 5.
Scotti et Chavannes, quai de Retz, 10.
Sorlin, rue des Capucins, 13.
Soviche, Karcher, rue du Griffon, 5.
Tavernier et Robert, rue Sainte-Catherine, 5.
Terrasson, représentant, rue Grenette, 3.
Thillier et Dupic, rue Désirée, 4.
Turin frères, rue des Capucins, 10.
Vernier (F.), place Saint-Clair, 6, magasin, rue Victor-Arnaud, 11.
Vial (And.), montée Saint-Sébastien, 14.
Wahl (A.) et Ce, quai Saint-Clair, 4.

Filateurs

Franc père, fils et Martelin, rue Neuve 7.
Warnery et Morlot, quai Saint-Clair, 14.
Chancel, Veillon, Alioth et Ce, quai de Retz, 4.

Déchets de soie (peignage mécanique de)

Dupont (L.), rue Bourget-Vaise, 37.
Wohl (A.) et Ce, q. St-Clair, 4, maison Paris, 5, cité Trévise.

Soies à coudre et à broder

Ayné frères (chez MM. Séon et Ce et Blondet), rue de la Bourse, Palais-du-Commerce.
Boffard fils, Baverey et Ce, quai de Retz, 12, fabrique de soies teintes et écrues.
Costal, rue Grenette, 23, fabrique de soies spéciales pour machines à coudre et pour toutes les industries. Médailles de Bronze à l'exposition de Lyon, en 1872. Dépôt de machines à coudre C. Peugeot et Ce, d'Audincourt (Doubs), médaille d'or à l'exposition de Lyon, 1872.
Curbillon et Costal fils, rue des Forces, 2, fabrique de soies à coudre teintes et écrues, soies spéciales pour machines à coudre.

2

Daillon (Henry) et Chevassu, rue Centrale, 48, fabrique de soies, teintes et écrues, spécialité de cordonnets pour machines à coudre.

Delay et Bouchu, marchands, rue Tupin, 1.

Doué (Emile) (maison Mollière), rue de Lyon, 61, soies pour machines à coudre.

Durieux (J.) et Charbon (L.), rue de Lyon, 24, ancienne maison J. Durieux, fabrique de soies teintes et écrues pour machines à coudre. Dépôt de maisons anglaises.

Engisch et Ce, rue des Capucins, 13, fabrique de soies à coudre, teintes et écrues, soies fantaisies pour passementeries et dentelles. Maison à Bâle (Suisse).

Fayard et Ce, rue de l'Hôtel-de-Ville, 60.

Germain frères et Ce, rue Sainte-Catherine, 3, soies teintes et écrues pour coudre, passementeries et dentelles, représentées à Paris, par M. Hecht Perdriau et Richer, fabrique à la Seauve (Haute-Loire).

Ingold (E.), passage de l'Hôtel-Dieu, 32,33, 34, 36, 38.

Lecomte (I.), rue Saint-Pierre, 33, soies et fantaisies spéciales pour machines à coudre.

Jaricot (veuve) et fils, rue Puits-Gaillot, 21, maison à Paris, boulevard Sébastopol, 55. Médaille d'argent à Paris, 1867, d'argent à Lyon, 1872. Médaille de mérite à Vienne, 1873. Soies écrues et teintes et schappes teintes en tous genres pour coudre, pour machines à coudre, franges, filets et broderies.

Jarry, avenue de Saxe, 105, fabrique de soie pour machines à coudre pour toutes les industries.

Pellet et Fonbonne (ancienne maison Monnet et Bazin), rue Centrale, 4, fabrique de soies à coudre et à broder, par système B. S. G. D. G. Mention honorable à Paris, 1867. Usine à vapeur, rue du Commerce, 32.

Pelletier et Ce, rue de Lyon, 26, spécialité de soies pour machines à coudre.

Pichon jeune, ancienne maison Blanc-Desprez, rue Saint-Pierre, 27, au 1er, spécialité de soies pour broderies et tapisserie et à coudre, cordonnets, mi-tors et à bourres.

Picollet (J.) fils et Ce, grande-rue Longue, 20 et 22.

Royané et fils, rue de l'Hôtel-de-Ville, 7, fabrique de soies et laines pour dentelles, maison au Puy (Haute-Loire). Diplôme à l'exposition de Vienne 1873.

Séon (L.) et Blondet, ancienne maison Séon, Maron et Ce, rue de la Bourse, Palais-du-Commerce.

Mouliniers et Ovalistes

Aurel, rue Boileau, 15.
Avon, rue des Martyrs, 2.
Barbier et Rey, rue de Sèze, 45.
Beautheac, rue Ney, 41.
Berthet, rue des Martyrs, 133.
Besson, rue Cuvier, 63.
Besson, rue Bugeaud, 124.
Besson, rue Duguesclin, 113.
Besset, rue Sainte-Elisabeth, 95.
Benevis, rue de Sèze, 77.
Béraud, rue du Sacré-Cœur, 147.
Blanc, rue Ney, 41.
Blanc, boulevard des Brotteaux, 12.
Bory, rue Bossuet, 96.
Bouchet, rue Masséna, 65.
Brunel, rue Sainte-Elisabeth, 132.
Buhart (Mme), montée de la Boucle, 36.
Buyat, montée de la Boucle, 36.
Caillat, rue Tête-d'Or, 104
Chareyre, rue Ney, 33.
Chaumard, rue du Gazomètre, 1.
Chazallet, rue Duguesclin, 210.
Chomat, rue Magneval, 15.
Christophe, rue du Gazomètre, 1.
Christophe, rue Vauban, 100.
Clair, rue du Parfait-Silence, 38.
Collet (veuve), montée des Carmélites, 10.
Colmalieu, rue Cuvier, 150.
Contré, rue de Sèze, 127.
Coiraton, montée des Carmélites, 10.
Craponne père et fils, montée des Carmélites, 10.
Dacher (A.), rue Sainte-Elisabeth, 87.
Dallard, rue Cuvier, 126.
Delègue, rue Neuve, 4.
Deroudille, rue Vendôme, 141.
Déchamps, rue Cuvier, 104.
Détrie, montée des Carmélites, 10, et rue Vendôme, 9.
Détrie, rue du Nord, 5.
Dianoux, montée des Carmélites, 10.
Donjon, rue Bossuet, 65.
Esclosant, rue Montgolfier, 45.

Eyrand, place Rouville, 5.
Faure, rue Masséna, 78.
Faure, rue Bossuet, 82.
Ferrand, rue Mont-Bernard.
Fournier, rue Bugeaud, 150.
Fort-Bernard, rue Masséna, 17.
Gaite, rue de Précy, 32.
Gamandet, rue Masséna, 33.
Giraud, place des Pénitents-de-la-Croix, 6.
Giraud, rue Masséna, 53.
Girod, rue des Fantasques, 11.
Gleizal, rue Cuvier, 120.
Gravier (Dlles), rue de Sèze, 120.
Grenier, rue Masséna, 17.
Guaise, montée du Change, 5.
Guillermet, rue des Fantasques, 12.
Jaufrai, rue Bugeaud, 124.
Jourdan, montée Rey, 11.
Lacour, rue de Sèze, 82.
Ladreyt, montée des Carmélites, 10.
Lafont, rue de Sèze, 78.
Lafont, rue Masséna, 31.
Lalauze (de), rue Bossuet, 65.
Lanfray, rue Vauban, 98.
Lauras, rue Précy, 51.
Lejaune, rue Cuvier, 141.
Levra, passage Saint-Pothin, 11.
Levrat, cours Lafayette, 57.
Mallessard, rue des Fantasques, 12.
Marcel, rue de Sèze, 25.
Marcou, rue Bugeaud, 128.
Marfoure, rue Ney 34.
Marlheu, rue Cuvier, 126.
Marquet, rue Bugeaud, 150.
Marin, place Colbert, 8.
Martin (Mme), place Tholozan, 13.
Martinet, rue Vaudrey, 21.
Mazagier, rue Bugeaud, 62.
Monier, rue Cuvier, 126.
Monier, rue Jacquard, 14.
Morel (A.), rue de Sèze, 112.
Morel (C.), rue Cuvier, 120.
Morel et Otier, rue de Sèze, 77.
Pichet (veuve), rue Cuvier, 129.
Pichat, cours Charlemagne, 72.

Ragon, rue Sainte-Elisabeth, 98.
Raynaud, rue de Créqui, 7.
Revol, rue de Vauban, 108.
Ripert (Mme), rue Cuvier 63.
Rivière, rue de Sèze, 46.
Roche, rue Barême, 11.
Rostain, rue Vauban, 100.
Ruby, rue Boileau, 13.
Sachon, rue Sainte-Elisabeth, 130.
Selette, cours Vitton, 93.
Serret, rue de Sèze, 120.
Sollière, place Tholozan, 19-21.
Stoule, rue Tête-d'Or, 81.
Suchon, rue Ney, 41.
Tastevin, rue Cuvier, 126.
Téoul, place Saint-Michel, 32.
Terrasse, rue Perrod, 13.
Terrasse, rue Flesselles, 20.
Térisse, rue de Sully, 59.
Tessier, rue Duguesclin, 108.
Thévenon, chemin du Sacré-Cœur 147.
Toureille, montée de la Boucle, 36.
Vaudrey, rue Rivet, 4.
Viallet, rue Bugeaud, 99.
Vidal, rue Duguesclin, 149.
Vincent, rue Bugeaud, 126.

Essayeurs de soies

Aulier (A.) et C. Mercier (Mmes), rue Lafont, 24.
Bertrand, rue du Griffon, 12.
Bouvet et Dupoyet, rue Désirée, 6.
Cornet (Jean), rue Puits-Gaillot, 25.
Cornet (J.-A.), rue Désirée, 12.
Demaisons, rue Terraille, 13.
Humblot, rue du Griffon, 1.
Margotton (Mlle), rue Désirée, 5.
Passebois (F.), rue Terraille, 14.
Perret (P.), rue du Griffon, 1.
Renaudin (Mlle), rue Désirée, 19.
Rousset, rue Désirée, 8.
Trossard et J. Larue, rue du Griffon, 14.
Vincent, rue Désirée, 11.
Voisin, rue du Griffon, 5.

Courtiers pour la soie

Barrel (P.), — expert au Magasin général des soies. — Bureau et dépôt d'échantillons rue Désirée, 4, et rue Puits-Gaillot, 7.
Barret, place de la Comédie, 25.
Bary, rue du Griffon, 7.
Besson, bureau et dépôt d'échantillons, 27, rue Puits-Gaillot, boîte même rue n° 25.
Belod, rue Puits-Gaillot, 17.
Bergier, rue Puits-Gaillot.
Brachet, place de la Comédie, 27.
Brisson, rue Puits-Gaillot, 29.
Cadalvène (de), boîte rue Lafont, 10.
Cagear, rue du Griffon, 11.
Carle, rue du Garet, 3.
Chabannes, rue Désirée, 9, boîte rue Puits-Gaillot, 25.
Chavanne, boîte place de la Comédie, 25.
Clarion, rue Désirée, 19.
Cornu, rue Pizay, 22.
Damour, place de la Comédie.
Debrabant, place de la Comédie, 25.
Delacroix, rue Puits-Gaillot, 4.
Delcroix père, rue Puits-Gaillot, 27.
Delcroix fils, place des Pénitents-de-la-Croix.
Dunod, rue Victor-Arnaud, 21.
Duc, rue Puits-Gaillot, 1.
Dussourd, rue Puits-Gaillot, 25.
Eymard (Valéry), rue Puits-Gaillot, 21.
Frau, rue Désirée, 4.
Gassier, rue Romarin, 31.
Giraud, rue du Garet, 3.
Guerrier, boîte rue Puits-Gaillot, 27.
Jarrosson, boîte rue Puits-Gaillot, 2.
Joannon, rue du Griffon, 14.
Mallet, rue Therme, 1.
Maurel, rue Puits-Gaillot, 4.
Mazeirat, boîte rue Puits-Gaillot, 25.
Montet, rue du Griffon, 14.
Office lyonnais du Courtage, MM. Roque, Montet et Joannon, rue du Griffon, 14.
Reynaud, rue Pizay, 5.
Rey, place de la Comédie, 25.

Roque, rue du Griffon, 14.
Sorlin, rue des Capucins, 13.
Stanchi, rue Désirée, 21.
Tardy (F.), rue Puits-Gaillot, 31.
Veyrin père, place de la Comédie, 25.

Fabricants de soieries, châles et velours

Bureau de renseignements des tisseurs de velours unis, rue des Capucins, 24.

Bureau de renseignements de la Société civile des tisseurs de Lyon, rue Saint-Claude, 4.

Adam (H.) et Cᵉ, rue Lafont, 18, unis, nouveautés pour robes. Médailles à Londres en 1862. Paris, en 1855. Paris 1867.

Affre et Jobert, rue des Capucins, 20 foulards imprimés.

Algoud frères, rue du Griffon, 3, soieries noires et unies.

Araud frères, rue St-Polycarpe, 12, parapluies, ombrelles. Médailles à Paris en 1867. Lyon 1872.

Arlin frères, place Croix-Pâquet, 11, taffetas noirs.

Arnaud frères, place Croix-Pâquet, 1, soieries unies et nouveautés.

Association des tisseurs de Lyon, rue Romarin, 1 et place du Griffon, 7. Société annonyme fondée le 8 février 1867, fabrique et vente de tissus en tous genres. Médaille au Havre 1868.

Audry, Mathevon et Pitiot, rue Puits-Gaillot, 33, velours.

Audibert, Monin et Cᵉ, grande-rue des Feuillants, 1 et 3, unies et façonnés.

Baboin (Aimé), rue Royale, 33, tulles.

Bachelu et Ribollet, place Tholozan, 19, unies et façonnées.

Barban et Masson, rue Mercière, 26, moires antiques, ornements d'église.

Bardon et Ritton, grande-rue des Feuillants, 4, soieries unies, couleurs et nouveautés, moires françaises. Médailles à Londres en 1862. Paris 1867. Diplôme d'honneur au Havre 1868. Médaille de progrès, Vienne 1873.

Bathéron et Cᵉ, rue Mulet 12, étoffes pour chapellerie.

Baudinot (F.) et Cᵉ, rue des Capucins, 18, velours façonnés.

Bayard (L.), rue de l'Hôtel-de-Ville, 100, fabrique de soieries et fourniture pour chapellerie. Médaille d'argent à Paris

1867. Maison principale à Paris, rue du Temple, 51. Articles de Paris, Lyon, Saint-Etienne, bords et bourdalous, coiffes adhérentes, toiles adhérentes et galettes anglaises.

Bayard aîné et fils, rue Bât-d'Argent, 17, soieries unies pour chapellerie.

Bayzelon (A.) et fils, rue Pizay, 9, taffetas et satins pour ameublements.

Bécaud aîné et Ce, rue Romarin, 11, satins.

Bellaton (J.-B.), place Tholozan, 26, soieries unies et châles soie.

Belmont frères et Ce, place Croix-Pâquet, 5, soieries unies et façonnées, florences et lustrines. Médaille à Paris 1867. Diplôme de mérite à Vienne 1873.

Bérard et Ferrand, quai de Retz, 2, nouveautés pour robes.

Berger (veuve) et Ce, place Croix-Pâquet, 5, gilets cols et velours.

Berger frères, place Croix-Pâquet, 2, unies, armures pour gilets et cols.

Bergeron (A.), rue Puits-Gaillot, 29, velours.

Bernard (J.) et Gonnin, rue Pizay, 24, velours satin et moire antique.

Bianchini, Roux et Bernard, rue des Capucins, 19.

Bibet et Ce, rue Puits-Gaillot, 9, dentelles et guipures.

Bidon (J.-M.), rue Saint-Polycarpe, 12, ornements d'église, ameublements et articles du Levant. Médaille au Havre 1868. Lyon 1872.

Billiard (F.), rue des Capucins, 25, velours en tous genres.

Binoux et Drogue, grande-rue des Feuillants, 1, velours.

Blache et Ce, place Tholozan, 27, velours de toutes qualités et nuances.

Bloc (J.) et Ce, rue des Capucins, 19, foulards.

Bocoup fils et Ce, rue du Griffon, 3, grenadines, gazes de Chambéry, crêpes de Chine et gazes nouveautés en tous genres. Médaille à Paris en 1867.

Boirivant (Ant.) aîné, rue des Capucins, 25, taffetas noirs et armures.

Bonnet, Piot et Ce, rue Terraille, 15, lustrines, florences, taffetas, couleurs.

Bonnet (C.-J.) et Ce, rue du Griffon, 8, officier de la Légion d'honneur, chevalier de l'ordre du Christ du Portugal, fabrique d'étoffes de soies unies noires. Médailles à Paris, 1844, 1849. Londres, 1851. Paris, 1855. Londres, 1865, Paris, 1867. Les petits fils de Bonnet (C.-J.) et Ce successeurs, diplôme d'honneur, au Havre, 1868 et à Vienne (Autriche), en 1873.

Bonnetain (E.) et Ch. Richarme, place Croix-Pâquet, 11, soieries, nouveautés et rubans.

Bonnevay aîné et Mietton (A.), rue Romarin, 16, étoffes unies et brochées soie et dorure pour ornements d'église et damas en tous genres.

Borgnis (F.) et Ce, rue du Griffon, 8, unies et nouveautés pour cols. Médaille à Lyon en 1872.

Bost et Millouet, rue Désirée, 14, suc. de Morin et Bost, articles pour le Levant.

Bonvalot, rue Romarin, 8, dorure.

Bosson (A.), rue du Griffon, 12, fabrique de soieries, gazes, châles, grenadines, crêpes de Chine, cols cravates et fichus.

Botton et Chavant, rue Victor-Arnaud, 21.

Bourdon et Ribolet, place Tholozan, 18, unies et armures.

Bouteille (J.), rue des Capucins, 14, bourdalous, galons.

Bouttier (A.), rue Bât-d'Argent, 2.

Boyriven frères, place Croix-Pâquet, 5, soieries et galons pour voitures et meubles.

Boussugue rue Sainte-Catherine, 17, tulles, unies.

Brassier, rue Sainte-Catherine, 2.

Brébant et Ce, grande-rue des Feuillants, 6. Chapelle et Ce, successeurs, unies et façonnées.

Brès et Ce, rue Pizay, 5, tulles.

Bresson, Agnès et Ce, rue de Lyon, 1.

Brisson (Ed. et G.), rue Royale, 29, velours soie.

Bron frères, place Croix-Pâquet, 2.

Brosset-Heckel et Ce, place Tholozan, 18, maison Heckel, satins unis, armures gros de Naples, taffetas et lustrines.

Brun (M.) et Vautheret (J.), r. du Griffon, 14, taffetas noirs.

Brunet-Lecomte, Devillaine et Ce, place Tholozan, 24, soieries nouveautés, étoffes gazes et foulards. Médailles de première classe aux expositions de Londres 1851 et 1862. Médailles d'or Paris, 1855-67. Diplôme d'honneur au Havre, 1868. Décoration de l'ordre du Christ de Portugal à l'exposition de Porto 1865. Médaille de progrès à Vienne 1873.

Burel oncle, neveu et Ce, rue Saint-Polycarpe, 14, articles du Levant et ameublements.

Camel frères et Ce, successeurs de Sauvage et Camel, place Tholozan, 20.

Camus (H.) et Crozier (J.), rue Royale, 29.

Carabin et Canaval, rue Lafont, 18, velours unis, noirs et couleurs.

Carrier, Schenck et Condamin, rue du Griffon, 3, taffetas noirs, châles, lainages et articles de Villefranche.

Chaboud aîné, rue Saint-Polycarpe, 10, étoffes pour ornements d'église.

Chamard (J.) et Ce, grande-rue des Feuillants, 2, velours unis.

Chambon et Audras, rue Royale, 31, nouveautés pour cols-cravates.

Champagne et Humbert, grande-rue des Feuillants, 6 étoffes unies et nouveautés.

Chanay (A.), rue Lafont, 8, florence, lustrines, foulards.

Chanel (J.), place Croix-Pâquet, 11, châles brochés.

Chapelle et Ce, grande-rue des Feuillants, 6.

Chapuy (Eug.), rue Saint-Polycarpe, 8, serges, taffetas et ombrelles.

Charbin et Ce, rue de Lyon, 1, velours unis noirs et couleurs.

Charbonnet (E.), rue du Commerce, 12, taffetas noirs.

Charbonnet (C.) fils et Roche-Janez, place Tholozan, 27, velours unis noirs et couleurs. Médaille d'argent à Lyon, en 1872.

Chavent père et fils, rue Puits-Gaillot, 2, étoffes façonnées.

Chevillard (E.), rue Pizay, 7.

Christin (A.) et Ce, rue des Capucins, 29, foulards façonnés.

Cirlot et Frachon, rue des Capucins, 21, foulards.

Clavières (G. de) et Frinzine, r. Désirée, 2, soieries et velours.

Clayette et Mantelier jeune, place Tholozan, 18, velours pour modes.

Clerc (Amb.), rue Puits-Gaillot, 27, crêpes.

Cochaud, de Boissieu et Ce, anciennes maisons Boissieu (de) et Cochaud, Brosset aîné et de Boissieu, fabrique d'étoffes de soies unies et façonnées. Médailles à Paris, en 1827; médailles de première classe à Paris, en 1855; Londres, médaille de première classe, 1862; à Paris en 1867, à Lyon en 1872.

Colin et Berger, gr.-rue des Feuillants, 1, unies et armures.

Collongeat (J.), rue Romarin, 16, foulards imprimés et façonnés.

Coquard, Chatagnon et Revel, rue Pizay, 7, étoffes pour ameublements.

Cornu père et fils et Ce, rue des Capucins, 15, parapluies.

Coste (E.), grande-rue des Feuillants, 8, taffetas, noirs.

Côte et Ducôté (successeurs de Caquet-Vauzelle et Côte), grande-rue des Feuillants, 6, soieries en tous genres.

Couder et Ce (Livet et Turge, successeurs), rue Lafont, 20, étoffes pour cols et nouveautés.

DALMAIS (J.-J.), rue Sainte-Catherine, 11, fabrique de soieries pour chapellerie.

DELASALLE et REBATEL, rue des Capucins, 29, fabrique d'étoffes pour ameublements et voitures, draps, moquette, toile-cuir, maroquin et fournitures pour tapissiers.

DELOSME, rue de Lyon, 37, petit satin, pour la chapellerie.

DERBEZ et Ce, quai de Retz, 6, unies et façonnées.

DESGRANGES, r. du Bât-d'Argent, 2, gazes (A. Bouttier suc.).

DESMARQUET (F.) et Ce, place Tholozan, 27, velours unis.

DESQ (P.) et Ce, rue des Capucins, 22, armures et nouveautés.

DETROYAT (L.), rue des Capucins, 22, parapluies.

DÉTROYA (Ch.), rue des Capucins, 15, ameublements.

DOGNIN et Ce, rue Puits-Gaillot, 1, tulles et dentelles.

DONAT, SUCHET et RITTON, place Croix-Pâquet, 3, gilets nouveautés.

DOUX et Ce, rue Romarin, 1, et place du Griffon, satins unis, spécialité pour chapellerie et gaînerie. Médaille au Havre, en 1868.

DREYFUS et Ce, rue Puits-Gaillot, 15, fabrique de foulards.

DRIVET et NIGRI, rue de Lyon, 4, velours unis noirs et couleurs.

DROGUE (L.) et Ce, petite rue des Feuillants, 9, fabrique de soieries nouveautés, popelines. Médaille d'argent à Paris, 1867.

DUBOIS jeune, rue des Capucins, 29, foulards imprimés.

DUCHAINE et BAILLY, rue des Capucins, 13.

DUFÊTRE (veuve) et Ce, rue des Capucins, 15, parapluies et ombrelles.

DUFÊTRE père et fils, rue Saint-Polycarpe, 14, parapluies et ombrelles.

DUFÊTRE (G.) et G. RICHARD, rue des Capucins, 18, parapluies et ombrelles.

DUMAINE frères, r. des Capucins, 22, parapluies et ombrelles.

DUMONT et ROLAND, rue Pizay, 14, soieries unies.

DUMOND (F.), rue du Griffon, 14, fabrique de soieries.

DUPLANU-COUDER, r. Saint-Polycarpe, 10, soieries nouveautés.

DUPONT fils et G. BLANC, rue Victor-Arnaud, 17, velours unis.

DURAND frères, rue de l'Arbre-Sec, 19, foulards imprimés et unis, nouveautés. Médaille d'honneur à Paris, 1855. Médaille première classe à Porto, 1865. Médaille d'argent à Paris, 1867. Usine à Vizille (Isère) ; usine au Cheylard (Ardèche).

DURIEUX (P.) fils et DOMENJON, rue Mulet, 8, foulards.

DURINGE (S.) et Ce, rue Puits-Gaillot, 24, unies.

Duviard-Dime et Ce, rue Terme, 18, ornements d'église.

Emery (L. et A.), rue du Bât-d'Argent, 17, fabrique d'étoffes en tous genres pour ameublements, ornements d'église, articles du Levant et pour voitures. Médaille d'or à Paris, 1855. Médaille d'honneur à Londres, 1851. Médaille à Paris, 1867. Première médaille à Rome, 1870. Exposition du Havre, 1868, membre du jury, hors concours. Exposition de Lyon, 1872, membre du jury. Médaille de progrès à Vienne 1873.

Espiard (F.), grande-rue des Feuillants, 6, ancienne maison Espiard frères et Ce, exportation pour le Levant.

Fargère, Buchard et Ce, successeurs de J. Millioz et Ce, place Croix-Pâquet, 5, cols, cravates.

Favrot frères, rue des Capucins, 31, foulards.

Faye et Thévenin, place Tholozan, 21, soieries unies, couleurs, popelines Médaille à Paris, 1867.

Ferteau jeune et Ce, rue Sainte-Catherine, 18, ornements d'église.

Ferlay et Giraud, rue Neuve, 6, soieries.

Ferteau (A.) et Clarion, rue Puits-Gaillot, 2, unies et façonnées.

Fichet frères, Muraour et Ce, rue Terme, 20.

Flandrin (A.), rue de Lyon, 1, unies et dispositions. Médaille d'argent à Paris, 1867; à Lyon, 1872.

Font, Chambeyron et Benoit, rue de Lyon, 2, velours unis.

Fornas-Bassieux frères, rue Lafont, 6, velours.

Fortoul et fils, rue Lorrette, ou rue du Griffon, 3, taffetas et étoffes unies noires et armures en tous genres. Médaille à Paris, 1867; au Havre, 1868.

Fournier (Etienne), rue Désirée, 6, ornements d'église.

Framinet frères et Ce, place Tholozan, 24, soieries unies.

Furnion (F.) et Ce, rue du Griffon, 10.

Galle (A.) et Ce, grande-rue des Feuillants, 3, unies et armures.

Gamot et Delaye, rue Vielle-Monnaie, 33, tapis de table, étoffes pour ameublements et tissus, bourre de soie pour impression. Médaille à Paris, 1867; à Lyon, 1872.

Garcin (A.) et Ce, rue Lafont, 10, velours.

Garnier et Ce, rue Puits-Gaillot, 17, velours.

Gauthier et Odet, rue St-Polycarpe, 14, ornements d'église.

Gauthier (A.), rue Constantine, 12, dorures.

Gautier (J.) et Ce, place Tholozan, 27, velours unis. Médaille d'argent à Paris, en 1867; diplôme d'honneur au Havre, en 1868.

Gauthier et Filhol, rue Saint-Polycarpe, 10.
Gay père, fils et Giraud, rue du Griffon, 3, satins unis.
Gelot, Vermorel et Cᵉ, place Tholozan, 20, fabrique de soieries.
Géry (C.), et Cᵉ, rue du Commerce, 8, fabrique de soieries.
Gindre et Cᵉ, rue Puits-Gaillot, 2, satins en tous genres. Médaille à Londres, 1851 ; médaille à Londres, 1862 ; médaille d'argent à Paris, 1867; médaille d'or au Havre, 1868.
Girard oncle et neveu, rue des Capucins, 26, et place Croix-Pâquet, taffetas et faille.
Giraud (A.) et Cᵉ, rue du Griffon, 12, unies, noirs et couleurs, parapluies et foulards. Médaille d'or à l'exposition universelle de Lyon, 1872.
Giraud frères, place Tholozan, 19, unies.
Girerd frères, petite-rue des Feuillants, 6, taffetas noirs et cravates sergées. Médaille d'argent à l'exposition universelle de Lyon, 1872.
Girod et Miquey, rue des Capucins, 18, parapluies, ombrelles.
Girodon (A.), quai de Retz, 3, nouveautés diverses.
Girodon et fils, quai de Retz, 8, foulards.
Gondard, Cirlot et Martel, suite de Sigaud et Gondard, rue Puits-Gaillot, 4, velours et foulards.
Gondre et Cᵉ, place Tholozan, 19, velours.
Gonnet (E.) et Rostagnat, rue de l'Arbre-Sec, 3, fabrique de foulards.
Goumand (L.) et Poix, rue Coustou, 4, gilets.
Gonnard (J.-F.), r. Sainte-Catherine, 12, fabrique de soieries.
Gourd, Croizat fils et Dubost, quai de Retz, 1, unies et façonnées. Médaille à Paris, 1867.
Gourd et Pelet, rue de Lyon, 7, foulards pour doublures.
Goux, rue de Lyon, 45, soieries pour chapellerie.
Gouzène (F.) et Cᵉ, rue Pizay, 22, foulards, couvertures.
Graissot (S.) et Cᵉ, rue Pizay, 11, damassés soie et fantaisie China et articles anglais, article Mossoul déposé. Médaille de mérite à Vienne, 1873. Exposition de Lyon 1872, médaille de bronze.
Guéneau (C.), rue du Griffon, 3, étoffes unies et faconnées.
Gueydan et Chavassieux, rue des Capucins, 26, soieries, gilets, nouveautés, cols, cravates. Médaille d'argent au Havre en 1868.
Guibout (J.) et Cᵉ, rue des Capucins, 16, ornements d'église. Maison à Paris, boulevard Sébastopol, 44.
Guinet (J.), et fils, rue Lafont, 18 et 20, et rue du Garet, 3, unies et nouveautés.

Guinet (Ant.), et Cᵉ, vice-consul du Chili, rue du Griffon, 13, soieries, unies et velours.

Guivet et Léricel, place Croix-Pâquet, 3, étoffes unies et noires.

Guise frères et Cᵉ, rue Lafont, 8, unies et velours.

Guitard (A.), rue Romarin, 12, velours.

Guyot (S.), rue Saint-Polycarpe, 16, cols, cravates.

Henry (J.-A.), rue du Garet, 3, fabrique d'étoffes, ornements d'église.

Jalla (Emile), rue de l'Arbre-Sec, 16, grenadines, gazes.

Jamet et Olagne, place Tholozan, 21. Manufacture de foulards à Saint-Julien-Molin-Molette (Loire).

Jandin et Duval, rue Puits-Gaillot, 31, foulards, nouveautés.

Janin et Cᵉ, rue Puits-Gaillot, 29, velours. Fabrique à Saint-Nazaire-en-Royans.

Janin, Brès et Cᵉ, place Croix-Pâquet, 11, ancienne maison Maffei et Bouvier, foulards, cravates et nouveautés.

Jarrosson (L.), rue Puits-Gaillot, 5, crêpes.

Jarrosson (M.) et Cᵉ, rue de l'Hôtel-de-Ville, 1, tulles.

Jaubert, Audras et Cᵉ (ancienne maison Bellon frères et Conty), rue du Griffon, 8, soieries noires unies et à dispositions. Médailles à Londres en 1851, de première classe à Paris en 1855, à Londres en 1862, à Paris en 1867, diplôme d'honneur à l'exposition de Lyon 1872.

Josserand, Févrot et Cᵉ, place Tholozan, 19, soieries, gazes, foulards, modes, cols, etc.

Jourdan, Verchère et Cᵉ, rue des Capucins, 23, foulards et taffetas noirs.

Jullien, Jance et Cᵉ, rue Puits-Gaillot, 29, unies et nouveautés.

Jurien fils, impression sur châles, laines, foulards et chaîne soie, fabrique, comptoir et magasin, rue de la Cole, Villeurbanne, dépôt à Lyon, rue de Thou, 1.

Klein (J.), rue de Lyon, 34, soieries, foulards, cols-cravates.

Kuppenheim (M.), rue de Lyon, 5, fabrique de foulards.

Labeaume frères, rue des Capucins, 22, taffetas noirs.

Laboré et Barbequot, rue Puits-Gaillot, 33. Médailles d'argent à Paris, 1867, 1834. Médailles d'or 1839. 44-49. P. M. London 181. — Médaille première classe, Paris 1855, — d'argent, le Havre 1868. Soieries unies, façonnées, châles, nouveautés et velours mécanique.

Lachard, Besson et Cᵉ, rue Puits-Gaillot, 31, nouveautés en crêpes de Chine.

Lachard frères et Cᵉ, rue Puits-Gaillot, 31, soieries noires et couleurs pour doublures.

Lacroix-Martin (J.), rue Désirée, 16, unies et nouveautés.

Lafont (E.) et Cᵉ, rue du Griffon, 9, soieries pour modes.

Laguaite et Escot, place Tholozan, 25, soieries et nouveautés pour modes.

Lamy (A.), Giraud et Cᵉ, quai de Retz, 3, fabrique de soieries nouveautés et ameublements. Médaille à l'exposition universelle de Londres, 1862.

Landru (E.), rue des Capucins, 16, foulards, pour doublures, étoffes pour parapluies et ombrelles.

Lang (G.) et Cᵉ, grande-rue des Feuillants, soieries, 6, nouveautés pour cols, velours et peluches pour modes.

Lardy (F.), petite-rue des Feuillants, 3, foulards.

Lavergne (P.), rue de l'Arbre-Sec, 20, tulles, soies unies.

Lemaitre et André, place Tholozan, 24, velours.

Lempereur et Despiney, rue Pizay, 7, et rue de Lyon, 1, marcelines, florences et lustrines.

Lerocher et fils, rue du Garet, 5, tissage mécanique, fabr. d'étoffes pour chapellerie et doublures.

Lévy (M.), rue du Griffon, 5, foulards imprimés.

Livet et Turge, rue Lafont, 20, cols, cravates.

Lotiron, rue du Plâtre, 8.

Lupin, Girard et Cᵉ, rue Royale, 33, velours unis noirs.

Macors (E.) et Cᵉ, rue des Capucins, 23, taffetas unis, florences et lustrines. Médaille d'argent, Paris, 1867. Médaille d'or, le Havre, 1868.

Magnillat (J.), r. des Capucins, 16, parapluies et ombrelles.

Mancardi (A.), place Croix-Pâquet, 2, soieries unies et à dispositions. Médaille à Lyon en 1872.

Mantoux (J.-M.) et Cᵉ, rue du Griffon, 11, gilets, cols, armures et étoffes pour confections. Médaille à Paris, 1867. Médaille d'argent, le Havre, 1868. Médaille à Lyon, 1872.

Marion (Henri), rue de l'Arbre-Sec, 18, satins unis et foulards.

Marion frères, place Tholozan, 26, tulles.

Martin (J.-B.), place Tholozan, 19, velours et peluches.

Martin (Pierre), rue des Capucins, 20.

Martin et Dolbeau, rue Pizay, 5, châles de soie et foulards façonnés.

Martin Valette, rue Lafont, 8, et rue Pizay, 7, velours unis noirs et couleurs.

Mathevon et Bouvard, place Tholozan, 26, ameublements, ornements d'église, articles du Levant, gilets, nouveautés. Médaille d'or à Paris et décoration de la Légion d'honneur. Couronne de fer à Vienne, 1873. Médailles à Londres en 1862.

Mathon (A.), rue de la Bourse, 35, fabrique de gaze et petit satin pour modes, étoffes, bandes et coiffes pour la chapellerie.

Mauvernay et Ce, rue du Griffon, 7, et place Tholozan, 21, taffetas et gros grains.

Mayet et Reignier, rue du Griffon, 1, foulards et nouveautés.

Mayet et Thévenet, rue Puits-Gaillot, 21, soieries, robes, nouveautés. Médaille à Lyon, 1872.

Mazade (E.) et Ce, place Croix-Pâquet, 11, crêpes de Chine pour modes et robes, châles et fichus de soie, gaze nouveauté pour modes et robes, grenadines soie, unies et nouveautés pour modes et confections. Médaille à Lyon, 1872.

Mazancieux, Faussemagne et Ce, place de la Comédie, 25, fabrication d'étoffes de soie.

Merle aîné et Ce, rue Puits-Gaillot, 5, étoffes nouveautés pour cols, cravates.

Mermet et Mouly, rue Lafont, 20, articles pour doublures et satin. Médaille à Paris, 1867.

Michel (J. et P.), pl. Tholozan, 21, foulards et nouveautés.

Micol et Baron, rue Lafont, 10.

Micolon, Chatelard et Ce, rue du Griffon, 7, au 1er, tissus, foulards, satins et sergés pour chapellerie, doubluras et garnitures.

Million et Servier (J.-P.), quai Saint-Clair, 12, unies et velours. Médaille d'argent à Paris, en 1867; à Londres, 1851.

Misset, rue Palais-Grillet, 12, satins.

Mollard et Guigou, grande-rue des Feuillants, 1, unies noires, moires et antiques.

Monestier aîné et Ce, rue Pizay, 20, angle de la rue de Lyon, taffetas et faille unis, florences, marcelines. Maison à Avignon (Vaucluse).

Montessuy (A.) et A. Chomer, rue Puits-Gaillot, 25, fabrique de crêpes français, anglais et nouveautés. Médaille à Londres, 1851; à New York, 1853; médaille d'honneur et décoration à Paris, 1855; médaille d'argent à Paris, 1867; diplôme d'honneur au Havre, en 1868; diplôme d'honneur à Vienne, en 1873. Usine pour gaufrage, apprêt et teinture, quai de Serin, 60. Usine et moulinage à Vienne (Isère). Usine, moulinage et tissage à Renage (Isère).

Morel et Cᵉ, rue de l'Hôtel-de-Ville, 9, dorures, passementeries et broderies, étoffes pour ornements d'église et ameublements. Médaille au Havre, 1868.

Morel (C.) et Cᵉ, rue Saint-Polycarpe, 10, soieries, parapluies et ombrelles.

Morel-Patel (veuve) fils, rue de Lyon, 1, soieries noires unies.

Morin et Bost aîné, rue Désirée, 14, étoffes dorures. (Bost et Millouet, successeurs).

Mortier-Mazet, rue Neuve, 18, velours et taffetas noirs.

Munet et Cᵉ, place Tholozan, 27, velours.

Neyret et Cᵉ, rue Pizay, 22, manufacture de satins unis en tous genres, soie et trames coton, étoffes pour chapellerie gaînerie et fourrures.

Nouveau (Louis), rue Désirée, 2, étoffes pour ornements d'église.

Odin, Perronnier et Cᵉ, rue du Griffon, 3, unis couleurs.

Ogier aîné et Cᵉ, rue Romarin, 1, et place du Griffon, 7, unies couleurs et armures. Médaille au Havre, 1868 ; à Lyon, 1872.

Pansut, rue des Capucins, 13.

Parenthou et Cᵉ, rue Romarin, 10, gilets, velours.

Pascal et Tabard (Tabard (Benoît) et Cᵉ, successeurs), rue Lafont, 18, étoffes unies et noires, serges et satins pour doublures.

Passeaud (T.), rue du Commerce, 35, schappes simples et doubles, cordonnets.

Patay, place du Griffon, 5.

Patin jeune et Josserand, rue des Capucins, 18, parapluies et ombrelles.

Paule et Coudurier, rue Royale, 29-31, étoffes noires.

Péalat (L.) rue de Lyon, 2, gazes et châles grenadines.

Permezel (H.) et Chevalier, successeurs de Caffarel, rue du Griffon, 3, satins.

Penet aîné, rue Saint-Polycarpe, 14, parapluies, ombrelles.

Permezel (L.) et Cᵉ, rue des Capucins, 27, foulards, doublures.

Perret et Plaisant, place Croix-Pâquet, 3, unies.

Perrin et Revol-Sandoz, rue Désirée, 14, foulards et châles.

Perrat (J.), rue du Griffon, 11, parapluies.

Perriolat fils et Dumoulin, rue du Griffon, 15, unies noires.

Philipon (J.) et Cᵉ, rue Pizay, 16, étoffes nouveautés.

Pin fils et Clugnet, rue de l'Hôtel-de-Ville, 1.

Pierron et Roche, rue du Garet, 5, soieries, spécialité de foulards imprimés en tous genres, robes et mouchoirs. Médaille à Londres, 1862; à Paris, 1867.

Piotet (J.-M.), grande-rue des Feuillants, 4, soieries et nouveautés pour robes et ameublements. Médaille d'argent à Paris, 1867.

Poidebard, Gondard et Ce, place Tholozan, 19, nouveautés pour modes.

Poncet père et fils, place Tholozan, 26, unies et nouveautés riches. Médaille d'argent à Paris, 1867.

Poncet et Morel, rue du Griffon, 3, nouveautés pour robes et articles du Levant. Médaille d'argent à Paris, 1867.

Ponson et Ce, rue Victor-Arnaud, 21, soieries unies, velours moires, robes, grandes nouveautés, popelines. Médaille d'or, Paris, 1849; médaille d'honneur, Londres, 1851; médaille d'honneur, Paris, 1855; médaille d'honneur, Londres, 1862; médaille d'or, Porto, 1863; médaille d'honneur, Paris, 1867; médaille de progrès, Vienne, 1873.

Pradel aîné, rue Romarin, 8, foulards.

Pradère (B.), rue de l'Arbre-Sec, 40, foulards, imprimés.

Pradère (B.-F.), rue Puits-Gaillot, 19, foulards imprimés.

Pramondon, Coront et Ce, quai Saint-Clair, 11, fabrique d'étoffes d'ameublement en soie et fantaisie. Médailles à Paris, 1855.

Pravaz (J.), rue Saint-Polycarpe, 16, crêpes.

Pravaz (H.) et Bouffier, rue Lafont, 16.

Puigsech et Ponchon, rue Romarin, 3, et place du Griffon, 5, tissus, foulards damassés soie et fantaisie, doublure et chapellerie.

Quinson (F.) et Ce, rue de Lyon, 8, velours unis. Médaille de progrès à Vienne, 1873.

Rabatel et Vachon, rue Lafont, 20, soieries noires pour robes et cols-cravates.

Ravier et Sauzion, place Tholozan, 22, popelines, étoffes unies et façonnées. Médaille d'argent, Paris, 1867.

Ray jeune et Ce, place Croix-Pâquet, 2, foulards et robes.

Regné et fils, rue Saint-Polycarpe, 5, parapluies.

Rendu et Moïse, quai Saint-Clair, 16 et rue Royale, 33, fabrique de grenadines et gazes en tous genres, châles et crêpes de Chine.

Revay cousins, rue des Capucins, 26, taffetas noirs.

Reverchon (Louis), rue des Capucins, 20, spécialité de foulards façonnés dits pongis et articles cols cravates. Médaille au Havre, 1868; à Paris, 1867.

Reyre-Louvier, Bellissen et Cᵉ, rue Lafont, 2, fabrique de soieries. Médaille à Paris, 1867 ; Lyon, 1872.
Ribollet (J.) et Piraud, r. du Griffon, 8, unies et nouveautés.
Riboud frères, rue des Capucins, 20, velours unis.
Richard (A.), rue de Lyon, 3, unis couleurs.
Richarme (A.), Chirac et Cᵉ, rue du Griffon, 7.
Richerot, Janoray et Cᵉ, pl. Croix-Pâquet, 8, velours unis.
Ringard (L.) et Morel, rue Saint-Polycarpe, 10, ornements d'église.
Rivière. rue Saint-Polycarpe, 8, velours.
Robichon, rue Victor-Arnaud, 7.
Roche (Alf.), grande-rue des Feuillants, 6, étoffes façonnées.
Roche (Ant.), place Croix-Pâquet, 4, velours unis.
Rosset (A.), rue du Griffon, 9 et place Tholozan, 21, spécialité de grenadines unies, crêpes de Chine de toutes qualités, gazes en tous genres, tissus nouveautés, châles, robes, cravates, fichus et Confection.
Routier, Grozet et Cᵉ, rue de Lyon, 5, dentelles et guipures.
Rossy et Cᵉ, quai de l'Hôpital, 9, soieries et coupons, solde.
Rouveure et Musy, grande-rue des Feuillants, 1, velours.
Roux (J.), place Croix-Pâquet, 1, foulards imprimés, nouveautés et façonnés.
Royané (S.) et fils, rue de l'Hôtel-de-Ville, 7, fabrique soie et laine pour dentelles, maison au Puy (Haute-Loire). Médaille de bon goût à Vienne 1873.
Roybet et Naquin, petite-rue des Feuillants, 9, foulards unis.
Ruby et Cᵉ, grande rue des Feuillants, 4, foulards.
Rulliat, rue du Griffon, 2, velours unis.
Sauvage et Camel frères, (Camel frères et Cᵉ, successeurs), place Tholozan, 20, unies et nouveautés.
Schulz et Béraud, rue du Griffon, 8 et 10, spécialité haute nouveauté façonnés, unis et velours. Grande médaille d'honneur à Paris. Londres. Porto. Diplôme d'honneur à Vienne 1873.
Sécretant (F.-D), rue des Capucins, 16, ameublements.
Servant et Cᵉ, rue Lafont, 6, velours unis.
Séguy, rue des Capucins, 20, taffetas parapluies. Médailles d'argent à Paris, 1834-39, première classe à Paris, 1855, à Londres, 1862 ; à Paris, 1867.
Seux-Mathevon, rue Romarin, 10.
Sévène, Barral et Cᵉ, rue de Lyon, 1, unis et couleurs, robes nouveautés. Médaille de deuxième classe à Paris, 1855, Londres, 1862 ; d'argent Paris, 1867.
Seyssel (C.), rue Romarin, 13, articles du Levant
Sisley et Colleuille, place Tholozan, 18, unis et façonnés.

Suchard, rue des Capucins, 23, parapluies.

Tabard (Benoit) et Ce, rue Lafont, 18, et rue du Garet, 3, ancienne moison Pascal et Tabard, étoffes unies et noires, serges et satins pour doublures. Médaille d'argent Paris, 1867; d'or au Havre, 1868. Médaille de mérite à Vienne, 1873.

Tabard (G.-F.) et Ce, quai de Retz, 2, soieries et velours.

Tapissier fils et Debry, place Tholozan, 26, soieries unies. Médaille d'or Lyon, 1872; d'argent Paris, 1867; membre du jury, hors concours au Havre, 1868. Londres, 1862. Toulouse 1865.

Tassinari et Chatel, place Croix-Pâquet, 11, étoffes pour ameublements et ornements d'église. Médaille d'or au Havre, 1868.

Teillard (C.-M.) et Ce, rue Royale, 29, étoffes unies et velours. Médaille d'or Londres 1855. Paris, 1855-67.

Thevenet et Roux, place Tholozan, 21, étoffes unies.

Thevenet-Monnet (A.), rue Saint-Polycarpe, 14, cravates, taffetas noirs.

Tholon et Vernon, rue Saint-Polycarpe, 8, parapluies.

Tibaut (Ch.) et Monnet jeune, rue du Griffon, 8, marcelines, florences, lustrines noires et couleurs, faille et taffetas couleurs, unis.

Tournu (E.) et Ce, place Croix-Pâquet, 5, unies.

Trapadoux (A.-L.) frères et Ce, rue du Griffon, 17 et rue Puits-Gaillot, 29, fabrique de foulards pour mouchoirs, robes, cravates, doublures. Médaille Londres, 1862. Paris, 1867. Havre, 1868. Manufacture à Bourgoin (Isère). Médaille de progrès Vienne, 1873.

Trayvoux, Lesne et Ce, rue du Griffon, 1, fabrique d'étoffes de soie.

Troubat (A.) et Ce, rue Lafont, 16, soieries unies.

Valansot (E.) quai de Retz, 7, étoffes pour cols-cravates.

Vanel et Ce (L. Ringard, Morel et Ce successeurs), rue Saint-Polycarpe, 10, étoffes brochées, soie, or et argent, velours pour ameublements d'église.

Vermorel, Morel et Chabert, grande-rue des Feuillants, 1, unies et nouveautés.

Verpillat (Irénée), rue du Griffon, 3, soieries unies.

Vert (J.) et Bussod frères, place Croix-Pâquet, 5, unies et couleurs.

Vial, rue Lafont, 16, tulles.

Viennois (F.), rue du Griffon, 12, unies, armures et foulards.

Vigo et Ce, rue Puits-Gaillot, 7, velours unis.

VILLARD (A.), (Bocoup fils et Cᵉ successeurs), r. du Griffon, 5, grenadines, gazes de Chambéry, crêpes de Chine et gazes nouveautés en tous genres. Médaille à Paris, 1867.

VILLARD et Cᵉ, quai Saint-Clair, 16, velours unis.

VILLION (C.) et Cᵉ, rue Lafont, 20, foulards imprimés, unis et damassés, chapellerie et doublures.

VILLY (A.) et Cᵉ, rue Lafont, 18, manufacture de tissus, foulards.

VINCENT et Cᵉ, rue des Capucins, 25, parapluies.

VORON (A.) et Cᵉ, rue Coustou, 4, gilets.

VULPILLIAT (Bathéron et Cᵉ, successeurs), rue Mulet, 12, étoffes pour chapellerie.

AUX MARQUES DE FABRIQUE

L. PUIGSECH et Cⁱᵉ, rue Terraille, 18. Dorures sur étoffes, chefs et têtes de pièces pour soieries et velours, chapellerie, cartonnage, modes, etc.

DORURES SUR ÉTOFFES

TH. LYONS, rue Terraille, 22. Dorures sur étoffes chef de têtes de pièces pour soieries et velours. Médaille d'argent et de bronze à l'exposition de Lyon 1872.

PROFESSEUR DE SOIERIES

F. PEYOT, place Croix-Pâquet, 5. Médailles d'or en 1852 et 1855 ; mention honorable à Paris 1867.

Fabricants de foulards imprimés et façonnés

AFFRE et JOBERT, rue des Capucins, 20.
BATTUR (V.) et Ce, rue du Plâtre, 4.
BERTEAUX et RADOU, place Tholozan, 18.
BIANCHINI, ROUX et BERNARD, rue des Capucins, 19.
BLOCH (J.), rue des capucins, 19.
BUISSON et COLLONGEAT, rue Romarin, 16.
BRUNET-LECOMTE ✻, DEVILLAINE et Ce, place Tholozan, 24.
CHARDON père et fils, rue du Griffon, 3.
CAZENEUVE, cours de Brosse, 2.
CHRISTIN et Ce, rue des Capucins, 29.
CIRLOT et FRACHON, rue des Capucins, 21.
DAMIRON (A.), rue de l'Hôtel-de-Ville, 76.
DREYFUS et Ce, rue Puits-Gaillot, 15.
DUBOIS jeune, rue Puits-Gaillot, 23.
DUMOND et ROLAND, rue Pizay, 14.
DURAND frères, rue de l'Arbre-Sec, 19.
FAVROT frères, rue des Capucins, 31.
FÉLIX et VEIL, rue Constantine, 9.
FIGUREY père et fils, rue Terraille, 4.
GONNET (E.) et Ce, rue de l'Arbre-Sec, 3.
GOUZÈNE et Ce, rue Pizay, 22.
GRAISSOT et Ce, rue Pizay, 11.
JAMET et OLAGNE, ancienne maison J. Corrompt et fils, place Tholozan, 21.
JANDIN et DUVAL, rue Puits-Gaillot, 31.
JANIN, BRÈS et Ce, place Croix-Pâquet, 11.
JOSSERAND, FEVROT et Ce, place Tholozan, 19.
JOURDAN, VERCHÈRE et Ce, rue des Capucins, 23.
JURIEN fils, quai Saint-Clair, 5.
KUPPENHEIM (M.) et Ce, rue de Lyon, 5.
LÉVY, rue du Griffon, 5.
MAYET et REIGNIER, rue du Griffon, 1.
MICHEL (J. et P.), place Tholozan, 21.
MIEGEMOLLE, place du Pont, 12.
PERRIN et REVEL-SANDOZ, rue Désirée, 14.
PIERRON et ROCHE, rue du Garet, 5.
PRADEL père et fils, rue Romarin, 8.
PRADÈRE (B.), rue de l'Arbre-Sec, 40.
PRADÈRE (F.), rue Puits-Gaillot, 19.
PRADÈRE frères, cours de Brosses, 15.
PUIGSECH et PONCHON, rue Romarin, 3.

Ray jeune et Cᵉ, place Croix-Pâquet, 2.
Reverchon (L.), rue des Capucins, 20.
Roux (J.), place Croix-Pâquet, 1, et rue du Griffon, 1.
Ruby et Cᵉ, grande-rue des Feuillants, 4.
Trapadoux frères et Cᵉ, rues du Griffon, 17 et Puits-Gaillot, 29.
Viennois (F.), rue du Griffon, 12.
Villion et Cᵉ, rue Lafont, 20.
Villy et Cᵉ, rue Lafont, 18.

Commissionnaires

Abel, Soubranche et Cᵉ, rue Lanterne, 1.
Anrès et Cᵉ, place Tholozan, 22.
Arbey, rue Lafont, 6.
Arguinaris, Kasper et Cᵉ, rue d'Algérie, 21 et 23.
Arlès-Dufour et Cᵉ, place Tholozan, 19.
Arsac, Déléage et Fonrobert, rue Centrale, 15.
Auffm-Ordt, Sturmer et Cᵉ, représentant, A. Bruyas, quai de Retz, 6.
Bacouel et Pognon, place Croix-Pâquet, 2.
Balme frères, rue Saint-Marcel, 25.
Barban et Masson, rue Mercière, 17.
Bayol, rue Vieille-Monnaie, 27.
Bardey, place Tholozan, 18.
Barry (Thomas), quai Saint-Clair, 10.
Bardou, quai de Retz, 4.
Basset (Fleury), rue Pizay, 11.
Battur (V.) et Cᵉ, rue du Plâtre, 4.
Beaucaire aîné, rue Victor-Arnaud, 9.
Bechetel, quai de Retz, 5.
Bellefonds et Darmezin, rue de Berry, 2.
Beisson, rue des Capucins, 6.
Benazech, représenté par Bécus, rue Puits-Gaillot, 1.
Bentley et sons de Londres, quai Saint-Clair, 9.
Bernelin (J.), rue Désirée, 4.
Berry (Ch.), rue de Lyon, 3.
Berteaux (Ch.) et Radou, place Tholozan, 18.
Billon (H.) et Cᵉ, rue de la Bourse, 43 et 45.
Bloch (S.) et P. Ritton, rue Romarin, 27.
Bloch, rue Romarin, 27.

BLOCH-PASCUAL, quai Saint-Clair, 7.
BLUMER, BRUN et SOMMERHOFF, chez Louis Tresca et Ce, place Tholozan, 19.
BOGGIO et E. GARAND, quai Saint-Clair, 2.
BOUCICAUD et fils, rue Victor-Arnaud, 13.
BOURGEOIS (B.), rue des Capucins, 22.
BORDET et JACQUI rue Romarin, 21.
BOUCHÉ, MONAVON et Ce, quai Saint-Clair, 13.
BOUGLEUX et Ce, rue de l'Arbre-Sec, 40.
BOUILLIER (Ch.) et Ce, rue de Lyon, 12.
BOUILLOD, JARNIAC et Ce, rue du Bât-d'Argent, 1.
BOURDELIN et LABORDE, quai Saint-Clair, 12.
BOYD et Ce, représentés par Johnson (Thomas-Henri), quai Saint-Clair, 9.
BRISSOT et NAILLES, passage Saulier, 6, à Paris, chez Verdun, quai Saint-Clair, 7.
BRADBURY, GREATOREX et Ce, rue Victor-Arnaud, 5.
BROCHOT et LAVESVRE, place Saint-Clair, 2.
BROWN (J.-B.) et Ce, quai Saint-Clair, 9 et 10.
BRUN, rue de l'Arbre-Sec, 26.
BRUN (P.), rue de Lyon, 36.
BRUYAS (Marc), place Sathonay, 5.
BUCHANAN (James) son et Ce, quai Saint-Clair, 2.
BUTNER, rue de l'Arbre-Sec, 32.
CAMBEFORT (G.) et Ce, rue de Lyon, 4.
CANDY (Ch.) et Ce, place des Pénitents-de-la-Croix, 3.
CAMPBELL (J. et W.), quai Saint-Clair, 9.
CARPENTIER frères et Ce, quai Saint-Clair, 1.
CARRAND (Et.), rue Saint-Marcel, 19.
CARVAILLO et A. PINEDE, place des Pénitents-de-la-Croix. 3.
CAUPERT frères, représentés par P. Bienvenu, rue de Thou, 5.
CERF, rue d'Algérie, 20.
CÉCILLON, rue Vielle-Monnaie, 35.
CHANDLER (R.), place Tholozan, 18.
CHAPUISAT, MILSON et Ce, rue de l'Arbre-Sec, 16.
CHARPINE (Prosper) frères, rue Royale, 13.
CHARTIER (Ch.) et Ce, rue Royale, 14.
CHAS, FOURNIER, LANXADE et Ce, place Tholozan, 20.
CHAUCHARD, HÉRIOT et Ce, rue Victor-Arnaud, 13.
CHEVAL (Omer), rue Victor-Arnaud.
CHEVALIER et BUREL, rue Royale, 6.
CHEVALLAY-COQUIDI, quai de Retz, 9.
CHICOTOT (A.), quai Saint-Clair, 4.
CHRISTIN jeune, place Tholozan, 22.

Claudé-Chaninel et Cᵉ, rue de l'Hôtel-de-Ville, 35.
Clavé, Guix et Menjolat, quai Saint-Clair, 3.
Claffin (H.-B) et Cᵉ, place Tholozan, 19.
Combe (C.), rue Romarin, 10.
Cook son et Cᵒ de Londres, chez Robert Propach et Cᵉ, quai Saint-Clair, 3.
Cooper (J. et G.), de Manchester, représentés par Johnson (Thomas-Henri), quai Saint-Clair, 9.
Couturier et Cᵉ, rue Romarin, 27.
Court (Stephen), représenté à Lyon, par Soulary, place Croix-Pâquet, 11.
Creton et Cᵉ, quai de Retz, 4.
Crozet (N.), rue Terme, 4.
Dambmann (C.-F.) et Cᵉ, rue Lafont, 24.
Darte et Gerbe, rue Pizay, 12.
Defrasse et Dehesdin, rue Désirée, 2.
Deines et Molleron (ancienne maison Bœttinger), place Tholozan, 20.
De la Fléchère jeune, rue de l'Hôtel-de-Ville, 32.
Delestang, rue Victor-Arnaud, 7.
Delorière, place Tholozan, 27.
Delpeuch, rue Neuve.
Dequinsieux (A.), rue d'Algérie, 12.
Deschamps, Torre et Blanc, rue Royale, 2.
Desprès (Eugène) et Cᵉ, quai de Retz, 8.
Deyme (Victor), quai Saint-Clair, 12.
Dormeuil frères, rue Lafont, 10.
Duchaine et Bailly, rue des Capucins, 3.
Dulon, rue Royale, 4.
Dupont (Sébastien), place des Pénitents, 8.
Effantin, rue Bât-d'Argent, 33.
Elliot, Cowdin et Cᵉ, rue d'Algérie, 21 et 23.
Ellis, Howell et Cᵉ, quai Saint-Clair, 1.
Evesque et Cᵉ, rue Puits-Gaillot, 31.
Falaize et C. Patel, rue Vielle-Monnaie, 43.
Faliero (les fils de Stamati), rue de l'Arbre-Sec, 16.
Félix (H.) et Veil, rue Constantine, 9.
Félix frères, rue de Lyon, 2.
Ferlay et Giraud, rue Neuve, 6.
Franc et Benoit, quai Saint-Clair, 12.
Francle, rue du Bât-d'Argent, 3.
Franklyn et Cᵉ, rue Gentil, 17.
Gagnet (O.) et Cᵉ, rue Royale, 12.
Gagneur, Devarenne et Cᵉ, petite-rue des Feuillants, 9.

Gaillard et Cᵉ, rue des Capucins, 29.
Gancel, rue Royale, 29.
Ganneval (veuve) et Satin, rue Puits-Gaillot, 3.
Gaisman (H.), rue Lafont, 10.
Gargin et Cᵉ, rue de l'Hôtel-de-Ville, 57.
Garcin (L.), place des Terreaux, 6.
Garin (P.) et Cᵉ, rue Puits-Gaillot, 4.
Gavart (P.), rue du Griffon, 7.
Gesell, place Croix-Pâquet, 2.
Gilles, Andrieux et Cᵉ, rue Lafond, 2.
Girerd et Cᵉ, rue du Griffon, 13.
Girerd frères, rue du Bât-d'Argent, 3.
Goudchaux (Georges) et Cᵉ, rue de Lyon, 6.
Goujon (F.), rue Pizay, 14.
Grabit, rue Mulet, 20.
Granjon (B.), place Saint-Nizier, 5.
Graffeuil (Joseph) et neveu, rue la Bourse, 37.
Greulich (W.) et Cᵉ, place Tholozan, 23.
Guiliet (Joseph), rue Désirée, 3.
Guillet, rue des Capucins, 13.
Gustelle et Bertholon, rue Puits-Gaillot, 5.
Haden, quai Saint-Clair, 1.
Hardt et Cᵉ, de New York, rue Neuve.
Harrison (F.), place Tholozan, 22.
Hartwig, rue Royale, 4.
Hecht, Lillienthal et Cᵉ, rue du Garet, 3.
Henking (L.), rue Lafont, 20.
Henneguy, quai de Retz, 8.
Hermann (H.), quai Saint-Clair, 3.
Hervieu et Potard, rue Désirée, 16.
Hess (Jules) et Cᵉ, place Tholozan, 19.
Hoschédé, Poute, Tissier et Cᵉ, rue Victor-Arnaud, 13.
Jaffray (J.-R.) et Cᵉ, quai de Retz, 3.
Jaligot, (J.), place de la Comédie, 20.
Jantet (A.), quai de Retz, 9.
Jarosson, rue Lafont, 20, courtier.
Jay et Cᵉ, place Tholozan, 19.
Johnson (Thomas-Henri), quai Saint-Clair, 9.
Jubin, rue du Bât-d'Argent, 7.
Kessler frères et Cᵉ, place Tholozan, 24.
Klein (Isidore), rue Dubois, 44.
Knobloch (V.), quai Saint-Clair, 2.
Kolp et Sinner, place des Pénitents-de-la-Croix, 3.
Kuppenheim (M.), rue de Lyon, 5.

Kutter, Luckemeyer et Cie, de New York, r. de la Bourse, 35.
Lallemand (A.), quai Saint-Clair, 9.
Lançon (E.), rue Victor-Arnaud. 7.
Lassagne, quai Saint-Clair, 4.
Léaf sons et Cie, grande-rue des Feuillants, 1.
Levi (Em.) et fils, rue du Bât-d'Argent, 4.
Londe frères, Poirier, Rappin et Cie, rue Lafont, 2.
Lopez, (Salvador) et Cie, quai Saint-Clair, 17.
Louvet (E.), quai de Retz, 8.
Macé (S.) et Cie, place Sathonay, 6.
Maillet, rue des Capucins, 19.
Maillet frères et Hugon, rue Bât-d'Argent, 3.
Makower (M.), rue de l'Arbre-Sec, 3.
Malher (A.), représenté par Bouché, Monavon et Cie, quai Saint-Clair, 13.
Margaron (J.) et Cie, rue Saint-Pierre, 41.
Manissier, Nuchler et Cie, rue Victor-Arnaud, 21.
Marcilhacy, Arbelot et Cie, rue de Berry, 2.
Marix-Picard frères, rue Puits-Gaillot, 9.
Martin, Hubsch et Cie, rue du Bât-d'Argent, 6.
Maniquet et Bohy, quai Saint-Clair, 7.
Marthoud et Barcet, place Saint-Clair, 9.
Mas (Louis) et Cie, place Tholozan, 22.
Mathieu, place Croix-Pâquet, 5.
Mathieu (J.), place Croix-Pâquet, 5.
Mayet-Paturle, place des Cordeliers, 5.
Mayer-Collet, place des Terreaux, 6.
Michel et Cie, rue Sainte-Catherine, 12.
Mignot et Cail, rue des Capucins, 24.
Mill (Louis) et Cie, rue Lafont, 24.
Moly, rue Saint-Côme, 8.
Mombrun (A.) et Cie, rue d'Algérie, 21.
Mondon (Pétrus) et Cie, rue des Capucins, 31.
Monnin (Gabriel), place des Terreaux, 9.
Montessuit (P.) et Cie, quai Saint-Clair, 16 et rue Royale, 33.
Morra, rue Puits-Gaillot, 29.
Morand oncle et neveu, rue Romarin, 1.
Moret et Payen, rue Royale, 29.
Mulet, rue Royale, 23.
Munch et Cie, rue de l'Arbre-Sec, 16.
Mure et Chalaye, rue de Lyon, 9.
Muron et Brunel, place Tholozan, 27.
Nessi et Barberini, de Vienne (Autriche), représentée par L. Rœsch, rue Puits-Gaillot, 19.

NEUVILLE, MAS et SAUNOIS, rue de Lyon, 4.
NICLOT (E.), rue de Berry, 2.
NŒTHER (S.) et Cie, rue Mulet, 18.
OPPÉ et Cie, quai de Retz, 6.
OTT, ASSER et Cie, quai de Retz, 6.
OUDARD (A.), place Croix-Pâquet, 5.
PALLUIS fils et Cie, rue d'Algérie, 12.
PASCAL aîné et Cie, rue Sainte-Catherine, 12.
PASCAL (J.) et Cie, rue du Plâtre, 1.
PATRICOT et LECOULTRE, rue Romarin, 18.
PAYEN (L.), rue Pizay, 9.
PAWSON (limited comp.), quai Saint-Clair, 10.
PÈPE, quai de Retz, 10.
PERDRIX (Em.) et Cie, quai de Retz.
PÉRONNE, représenté par Nicolas, rue des Capucins, 6.
PERSONNAZ, LAMAIGNIÈRE et GARDIN, quai Saint-Clair, 11.
PETIT (L.), place des Penitents-de-la-Croix, 3.
PEYOT, rue de l'Hôtel-de-Ville, 5.
PICARD (Gustave) et Cie, rue Royale, 14.
PICARD (S.) jeune, rue Royale, 23.
PONCET, rue Dubois, 21.
POVEL et MALHER, rue d'Algérie, 21 et 23.
POUQUET (E.), rue Victor-Arnaud, 19.
PRÈGRE (L.), aîné et Cie, place des Terreaux, 6.
PRÉVOST et Cie, rue de l'Hôtel-de-Ville, 45.
PROPACH (Robert)) et Cie, quai Saint-Clair, 3.
PROUVIER (Joseph), rue Lafond, 18.
PROUX et Cie, quai Saint-Clair, 12.
PRUDHOMME, rue Royale, 11.
QUILLON (J.) et Cie, rue Coustou, 4.
RAJON (L.), place Sathonay, 5.
RAMIÉ et Cie, rue du Bât-d'Argent, 18.
RATTIER et ROCHE, rue Puits-Gaillot, 4.
ROECH (Léon), rue Puits-Gaillot, 19.
RENAULT, BUSSIÈRE et CHAUSSIER, rue Constantine, 15.
REYBAUD (P.), et P. BOUCHARLAT, rue de l'Hôtel-de-Ville, 36.
RIBAUD (Léon), rue des Capucins, 19.
RIEU et ACCARY, rue Centrale, 20.
ROBERT (F.), place Croix-Pâquet, 3.
ROBIN (Deschamps, Torre et Blanc, suc.), r. Royale, 13.
ROCHE (P.) et GUIGAL, rue des Capucins, 26.
RODIER, place de la Miséricorde, 5.
RONDEAU, NOS, ROMO et Cie, rue Romarin, 27.
ROSENTHAL et Cie, rue Royale, 13 et quai Saint-Clair, 7.

ROUZIER, ESCOFFIER et Ce, rue Lafont, 6.
ROYANÉ (S.) et fils, rue de l'Hôtel-de-Ville, 7, fabrique soie et laine pour dentelles; maison au Puy (Haute-Loire). Médaille de bon goût à Vienne, 1873.
RYLANDS et son, place Tholozan, 18.
SANDRIER, place Saint-Clair, 7.
SAUVAGE frères, rue de Lyon, 1.
SCHLESTER (S.-G.), place Croix-Pâquet, 11.
SCHUSTER (M.), rue de Lyon, 2.
SEIGLE, AGNELET et BERTHAUD, place Tholozan, 19.
SIMON, rue Romarin, 18.
SINN, rue de Lyon, 2.
SISLEY (L.), quai de Retz, 4.
SANDALGI (T.), quai Saint-Clair, 11.
STEWART (A.-T.) et Ce, rue de la Bourse, 8.
STEWART et MAC DONALD, de Glascow.
ROBERT, PROPACH et Ce, quai Saint-Clair, 3.
STRIEGUTH et Ce, rue Bât-d'Argent, 40.
TABOURIER, PERREAU et BISSON, rue des Capucins, 16.
TALON (J.-C.) et Ce, rue Victor-Arnaud, 5 et rue Royale, 6.
The fore street Warehouse company limited, représenté par Blanchot, rue Royale, 2.
THOMPSON et PATTINSON, rue du Bât d'Argent, 6.
TISSOT aîné, rue Désirée, 1.
TRAYVOUS (L.), grande-rue des Feuillants, 6.
TRESCA et Ce, place Tholozan, 19.
TRÉVOUX frères, rue de l'Hôtel-de-Ville, 34.
VALICH fils aîné et Ce, rue d'Algérie, 11.
VALIOUD (J.), quai Saint-Clair, 8.
VERDUN, quai Saint-Clair, 7.
VERMOREL, rue Constantine, 14.
VERNEAU et Ce, rue Victor-Arnaud, 7.
VERNET, rue Pizay, 12.
VIAL, rue des Capucins, 31.
VOGEL et Ce, quai de Retz, 1.
WARBURG (R.-D.) et Ce, rue de Lyon, 8.
WATS (S. et J.) et Ce, de Manchester, Robert, Propach et Ce, quai Saint-Clair, 3.
WEYDEMANN, BOUCHON et Ce, rue Royale, 5.
WICHELMAN (C.) et Ce, rue de la Bourse, 4.
ZARDETTI et MUGINER, quai Saint-Clair, 12.

AUX MARQUES DE FABRIQUE

L. Puigsech et Cie, rue Terraille, 18. Dorures sur étoffes, chef et têtes de pièces pour soieries et velours, chapellerie, cartonnage, modes, etc.

DORURES SUR ÉTOFFES

Th. Lyons, rue Terraille, 22. Dorures sur étoffes chef de têtes de pièces pour soieries et velours. Médaille d'argent et de bronze à l'exposition de Lyon 1872.

PROFESSEUR DE SOIERIES

F. Peyot, place Croix-Pâquet, 5. Médailles d'or en 1852 et 1855 ; mention honorable à Paris, 1867.

Soieries nouveautés (en gros)

Bouillod et Ce, rue Bât-d'Argent, 1.
Ferlay et Giraud, rue Neuve, 6.
Imbert et Ce, rue de l'Hôtel-de-Ville, 52.
Laforest (G.), rue Grenette, 26.
Marix frères jeunes, rue de l'Hôtel-de-Ville, 96.
Martin (Victor), rue Romarin, 16.
Mouth et Ce (Piery et Ce successeurs), place Saint-Nizier, 6.
Perrot (Henri), aux Deux-Passages, rue de Lyon, 36, et place de Lyon, 38.
Piery et Ce, place Saint-Nizier, 6.
Silve et Gellon, rue Grenette, 2.
Trévoux frères, rue de l'Hôtel-de-Ville, 34.

Teinturiers en soie laine et coton

ASSOCIATION des ouvriers teinturiers des villes de Lyon et Saint-Etienne : directeur, Catignon, cours Lafayette, 37.
BAJARD, laines, grande-rue Saint-Clair, 42.
BAUDOIN, laines, cours Lafayette, 36.
BAUGÉ (F.), noirs pour velours, cours d'Herbouville, 67.
BERTHET (L.), crêpes noirs, grande-rue des Charpennes, 15.
BOZZINI et Cᵉ, teinture en noir en tous genres, teinture à Tournon (Ardèche), dépôt à Lyon, rue Coustou, 4.
BROSSARD (Ch.), laine et soie, rue des Prêtres, 18.
BRUYAS, GRATALOUP et A. GONNET, teinture en pièces, montée de la Butte, 6.
BURINE, quai Saint-Clair, 18.
BUYAT, rue Tavernier, 3.
CHAPPUIS et HANG, soies à coudre, rue Tavernier, 4.
CHARRIER, rue du Consulat, 10.
CHASSOT et CHAVAGNON, couleurs, rue de Chartres, 126.
CLAPY, rue Monsieur, 11.
COLLOMBE et Cᵉ, noirs, quai Saint-Vincent, 21.
CORROMPT et TOUSSAINT, couleurs, rue Godefroy, 27.
COURTAUD et BOUCHE, crêpes, rue Tupin-Rompu, 6.
DESCHAMP frères, coton en pièces, rue des Culattes, 51.
DÉTHOMME, crêpes couleurs, rue de l'Arbre-Sec, 36.
DOUBLIER fils, rue Cuvier, 16.
DREVON aîné, noirs, cours d'Herbouville, 58.
DUBOIS, ADAM et BUÉNERD, laines, rue Tavernier, 8.
DUFOUR (L.-E.), parapluies, quai des Brotteaux, 8.
FAYOLLE, noirs, cours d'Herbouville, 59.
FILLIAT et Cᵉ, noirs, cours d'Herbouville, 70.
GALVIN et ROCHE, noirs, quai Pierre-Scize, 43.
GAY (Aug.), veuve et neveu, laines, avenue de Noailles, 9.
GILLET et fils, tous genres, quai de Serin, 7, et à Saint-Chamond. La maison est représentée à Paris par M. Outrequin, boulevard Sébastopol, 95, et à Saint-Etienne, par M. A. Journoud, rue des Jardins, 20.
GIRAUD fils frères, soies et cotons, quai de Serin, 58.
GROBON et Cᵉ, foulards, rue Royale, 27, usine à Miribel (Ain).
GUILLON, ROBIN et Cᵉ, soies, rue de Sèze, 31 et 33.
GUINON ✱, MARNAS et BONNET, soies et couleurs, rue Bugeaud, 6.
JANIN, noirs et couleurs, quai Saint-Vincent, 56.
JULLIEN, laines, impasse Tavernier.

LAMBERT, noirs, rue des Prêtres, 18.
LARPIN et fils, soies à coudre, rue Saint-Marcel, 11 et 13.
MARTELET frères, cotons, grande-rue des Charpennes, 12.
MARTIN (J.-B.) ✱, soies et cotons, place Tholozan, 19.
MERAY et Cie, cotons noirs, quai de Vaise, 39.
MIALLIER, grande-rue Saint-Clair.
MIDRIÉ et MONTIER, chemin de Scaronne, 1.
MONFRAY père et fils, rue Madame, 47 et 49.
MORIN, rue Lafayette, 34.
MORIN, place de la Boucle.
PACCALY frères, crêpes et tulles, rue Bossuet, 20.
PERRIN (J.) et Cie, rue Lafayette, 36.
PETRÉ (Eug.), couleurs, rue Monsieur, 12.
PIATON, BREDIN et Cie, tous genres, chemin de la Quarantaine, 3.
PICOT et FAYARD, foulards et crêpes, rue Montbernard, 14.
PIERRON frères, place de la Boucle, 2.
PIERRON et GRAS, soies et couleurs, place de la Boucle, 3.
PIGNAUD, parapluies, rue de Barême, 10.
PILAZ frères, parapluies, grande-rue Saint-Clair, 1.
PINET jeune, laine et coton, rue Tavernier, 8.
PITRAT et CORNU, quai d'Herbouville, 63.
PRAT-SALLE, rue Ferrandière, 27.
RAMEL frères, COUTURIER et Cie, rue de la Vieille, 13.
RANDU (J.-B.), bourre et soie, rue Nayrard, 9.
RENARD, VILLET et BAUDRAN, soies, Cité Lafayette.
RICHARD et PUTHOD, place Tholozan, 21.
RIVIÈRE et ARCELIN, quai Saint-Vincent, 9.
SALIGNAT frères, quai Saint-Vincent, 59.
SAVIGNY et BUNAND, soie en tous genres, rue Monsieur, 29.
SEUX et TARDY, cotons, quai des Brotteaux, 9.
THOMAS, cours d'Herbouville, 8.
THUILLIER (veuve) et BONNEFOND, quai de Retz, 20.
TRANCHANT et Cie, noirs pour velours, cours d'Herbouville, 46.
VIAL, laine, rue Pareille, 11.
VULLIOD (J.), foulards, rue du Nord, 2.
VINDRY neveux et Cie, noirs, quai Saint-Vincent, 8.

COMPAGNIE
PÉNINSULAIRE ET ORIENTALE
DE NAVIGATION A VAPEUR

Siége social : à Londres, 122, Leadenhall street

Agents de la Compagnie en France

PARIS.............. G.-S. PRITCHARD, 4, rue Rossini.
MARSEILLE.......... ESTRINE et Cie.
LYON............... ARLÈS-DUFOUR et Cie.
BORDEAUX......... FAURE frères.
HAVRE............. MARCEL et Cie.
BOULOGNE......... LEBEAU et Cie.

La Compagnie prend les passagers et reçoit les marchandises par ses vapeurs, pour

	de Southampton	*de Venise (touch. à Ancône)*	*de Brindisi*
Gibraltar........ *Malte*..........	Tous les jeudis à 2 h. soir.		
Alexandrie..... *Aden*.......... *Bombay*.......	Tous les jeudis à 2 h. soir.	Tous les vendredis matins.	Tous les lundis à 5 h. matin.
Pointe-de-Galles *Madras*......... *Calcutta*........ *Penang*.........	Jeudis 13 et 27 février à 2 h. soir et alternativement tous les deux jeudis	Vendredis matins, 21 février et 7 mars, et alternativement tous les deux jeudis.	Lundis 24 février et 10 mars, à 5 h. du matin et alternativement tous les deux lundis.
Singapore...... *La Chine*....... *Le Japon*.......	Id.	Id.	Id.
L'Australie..... *La Nlle-Zélande.* *(Marchandises seulement.)*	Jeudis 13 février et 13 mars, alternativement tous les quatre jeudis.	Vendredis matins, 21 février et 21 mars et alternativement tous les quatre vendredis.	Lundis 24 février et 24 mars à 5 h. du matin et alternativement tous les quatre lundis.

Prix réduits pour les voyageurs repartant dans les 6 ou 12 mois de leur arrivée.

Billets directs (viâ Bombay) pour les principales stations de chemin de fer des Indes, et billets directs pour Venise et Brindisi aux bureaux de la Compagnie, à Londres.

Pour toutes les informations sur les tarifs de passage et de frêts, s'adresser à *Londres*, 122, *Leadenhall St.*, *ou à Southampton, Oriental Place.*

Service postal pour l'envoi de petits colis aux Indes.

(Indian Parcel Post.)

La Compagnie reçoit maintenant des colis pour tout bureau de poste aux Indes au prix uniforme de 1 sh. 4 d. par livre anglaise, comprenant les frais de Londres à destination.

Les colis doivent être remis aux bureaux à Londres, 122, Leadenhall St., avec lettres d'avis et déclarations du contenu et de la valeur, en indiquant sur l'adresse que l'envoi est à faire par *Indian parcel post.*

Les colis ne doivent pas peser plus de 50 livres anglaises, ni mesurer plus de 2 pieds × 1 p. × 1 p., ni être d'une valeur de plus de 20 livres sterling. — Ils ne doivent contenir ni bijoux, ni montres, ni pierres précieuses. ni lettres.

On ne recevra aucun liquide, ni aucune marchandise d'une nature fragile ou dangereuse.

La Compagnie se charge d'effectuer l'assurance maritime sur demande spéciale, au taux de 2 sh. 9 d. jusqu'à 10 livres sterling et 5 sh. 3 d. jusqu'à 20 livres, payable d'avance.

MESSAGERIES NATIONALES

Agence des Messageries maritimes de la Compagnie générale transatlantique

ET DU CANAL MARITIME DE SUEZ

7, place des Terreaux, Lyon

DÉPARTS DE MARSEILLE

Lignes de la Méditerranée

Chaque Jeudi à midi pour Naples et Alexandrie.
Le Jeudi de chaque quinzaine (1), à midi, pour Port-Saïd et la Syrie.
Le Vendredi de chaque quinzaine (2), à midi, pour Palerme, Syra, Smyrne et la Syrie.
Le Samedi de chaque quinzaine (3), à 5 h. du soir, pour Syra et Smyrne.
Chaque Samedi, à 5 h. du soir, pour le Pirée, la Thessalie, Constantinople, le Danube et la mer Noire.
Chaque Samedi, à 5 h. du soir, pour Alger.

Lignes de l'Indo-Chine

Chaque quinzaine (4), le Dimanche à 10 h. du matin, pour les Indes-Néerlandaises, les Philippines, la Cochinchine, la Chine et le Japon.
Tous les 28 jours (5), le Dimanche à 10 h. du matin, pour Pondichéry, Madras et Calcutta.
Tous les 28 jours (6), le Dimanche à 10 h. du matin, pour Maurice et la Réunion.

DÉPARTS DE BORDEAUX

Lignes du Brésil

Les 5 et 20 de chaque mois pour Lisbonne, Dakar, Rio-Janeiro, Montevideo et Buenosayres.
Le 20 de chaque mois, pour Pernambuco et Bahia.

L'Agence délivre *des billets de passage et des connaissements directs pour toutes ces lignes*, ainsi que pour celles des Etats-Unis, des Antilles, du Mexique, de l'Amérique-Centrale, du Sud et Nord, Pacifique, desservies par la Compagnie générale transatlantique.

Les Messageries nationales acceptent les transports internationaux par voie ferrée, vapeurs et voiliers, ainsi que les expéditions pour toute la France.

---

(1) *A partir du Lundi* 30 *Janvier*.
(2) » *Vendredi* 24 *Janvier*.
(3) » *Samedi* 1er *Février*.
(4) » *Dimanche* 2 *Février*.
(5) » *Dimanche* 2 *Février*.
(6) » *Dimanche* 16 *Février*.

Tarif des prix de passage.

De Marseille à :	1re Classe.	2e Classe.	3e Classe.
	—	—	—
Aden..........................fr.	1000	750	450
Mahé..............................	1875	1405	845
La Réunion......................	2000	1500	900
Maurice...........................	2000	1500	900
Pointe de Galles................	1500	1125	675
Pondichéry.......................	1500	1125	675
Madras.............................	1500	1125	675
Calcutta...........................	1625	1220	730
Singapore.........................	1875	1405	845
Batavia............................	2125	1595	955
Saïgon..............................	2000	1500	900
Hong-Kong.......................	2125	1595	955
Shanghaï..........................	2375	1780	1070
Yokohama........................	2375	1780	1070

Ces prix comprennent la nourriture pour les passagers des 3 classes. — Les enfants de 3 à 10 ans paient demi-place. Au-dessus de 10 ans, ils paient place entière.

Tarif des marchandises.

Frêt par mètre cube ou par 500 kil.

De Marseille à :	1re Classe.	2e Classe.
	—	—
Aden, Pointe-de-Galles, Pondichéry, Madras, Calcutta, Singapore, Saïgon, Hong-Kong et Shanghaï..........................fr.	120	80
Mahé, La Réunion, Maurice et Batavia........	200	125
Nagasaki et Yokohama................	200	130
Hiogo, Manille, Penang, Samarang et Sourabaya	2[illegible]5	150

Nota. — *Les soies et tissus de soie font partie de la 1re classe.*

Tarif des espèces et valeurs.

De Marseille à :	au-dessous de 25,000 fr. — Espèces.	au-dessus de 25,000 fr. — Espèces.
Pointe-de-Galles, Pondichéry et Calcutta.	3/4 0/0	1/2 0/0
Saïgon, Hong-Kong et Shanghaï............	1 0/0	3/4 0/0
Nagasaki et Yokohama.....................	1 1/2 0/0	1 0/0

Nota. — *Le frêt est payable d'avance pour toutes les expéditions de marchandises ou de valeurs à destination des ports de l'Indo-Chine.*

Il n'est pas signé de connaissements pour un frêt inférieur à 25 fr.

Tarif des petits colis et échantillons

au poids ou en décimètres cubes.

De Marseille aux stations ci-contre.					Pointe-de-Galles, Pondichéry, Calcutta.	Saïgon, Hong-Kong, Shanghaï, Yokohama.
	colis.		déc. c.		fr.	fr.
Au-dessous de 3 kil.		ou de	6	»	5	7
De 3 à 4	kil.	ou de	6 à 8	»	6	8
4 à 5		»	8 à 10	»	7	9
5 à 7		»	10 à 15	»	8	11
7 à 10		»	15 à 20	»	9	13
10 à 12		»	20 à 25	»	10	15
12 à 15		»	25 à 30	»	11	17
15 à 20		»	30 à 40	»	13	21
20 à 25		»	40 à 50	»	15	25
25 à 30		»	50 à 60	»	17	29
30 à 35		»	60 à 70	»	19	33
35 à 40		»	70 à 80	»	21	37
40 à 45		»	80 à 90	»	23	41
45 à 50		»	90 à 100	»	25	45

Assurances.

Tableau des primes par cent francs.

De Marseille à :	Marchandises.	Valeurs.
Pointe-de-Galles	» 70	» 45
Pondichéry, Calcutta, Saïgon	1 »	» 75
Hong-Kong, Shanghaï, le Japon	1.25	» 75

COMPAGNIE LYONNAISE

D'ASSURANCES MARITIMES

COMPAGNIE ANONYME LIBRE AU CAPITAL
DE 6.000.000 DE FRANCS

Assurances contre les Risques de Transports Maritimes Fluviaux et Terrestres

Conseil d'Administration de la Compagnie

MM.
E. AYNARD, de la maison Aynard et Ruffer.
J. CAMBEFORT, de la maison P. Galline et Cie.
M. CHABRIÈRES, de la maison Arlès-Dufour et Cie.
Ph. GERMAIN, Dr du Comptoir d'Escompte de Paris (Agence de Lyon).

MM.
J. GOURD.
S. LILIENTHAL, de la maison Hecht, Lilienthal et Cie.
J. LETOURNEUR, directeur du Crédit lyonnais.
Ch. PAYEN, de la maison L. Payen et Cie.
J.-A. SÉVÈNE, de la maison Sévène et Barral.

Commissaires de Surveillance

Nommés par l'Assemblée générale des Actionnaires

MM. M. GILLIARD, négociant.
VERNET, de la maison veuve Morin-Pons et Morin.

Administrateur Directeur

M. Ch. MOUTIER.

SIÉGE SOCIAL, ADMINISTRATION & DIRECTION

RUE LAFONT, 16

TRANSPORTS MARITIMES

POUR

L'ALGÉRIE, L'ESPAGNE, L'ÉGYPTE, [illegible] LEVANT, [illegible]

CHINE ET JAPON — **AMÉRIQUE AUSTRALIE**

H. LETERTRE

Rue de la République, 76, Marseille

AFFRÊTEMENTS & CONSIGNATIONS

DE NAVIRES A VOILES ET BATEAUX A VAPEUR

SERVICES COMBINÉS DE TRANSPORTS

Par voies ferrées, fluviales et maritimes

ASSURANCES MARITIMES

OPÉRATIONS EN DOUANE

Correspondants dans les principales villes de France et de l'étranger

---

S'adresser et expédier les marchandises à H. LETERTRE, en gare, à Marseille.

RENSEIGNEMENTS UTILES

A LA FABRIQUE LYONNAISE

MAISONS RECOMMANDÉES

Agences et Bureaux d'affaires

COMPTOIR des affaires litigieuses du commerce, société par actions, fondée en 1855 par les négociants en tissus de Lyon, Sévelinge et C°, gérants, rue Mercière, 21; recouvrements de créances, traités amiables, représentation dans les faillites, voyage en France et à l'étranger.

Assurances maritimes

COMPAGNIE LYONNAISE d'assurances maritimes, capital 6 millions : assurances contre les risques maritimes, fluviaux et de transports par terre : administrateur-directeur, Moutier (Ch.), rue Lafont, 16.

L'HELVETIA, agent général à Lyon, Meurer (W.), quai Saint-Clair, 5.

LA BALOISE, agent général à Lyon, Dupont (P.), rue Gentil.

Balances et Bascules

CATENOT - BÉRANGER, usine de la Mulatière, Mairet (E.), directeur, rue Centrale, 41 (*voir aux annonces commencement du volume*).

Caisses d'emballage

BRUN frères, avenue de Saxe, 163. Fabrique spéciale de caisses en tous genres, scierie hydraulique à Tenay (Ain).

Caoutchouc pour usines

JUBIÉ (Ant.), rue de Lyon, 87. Fabrique de caoutchouc souple et durci pour usines, filatures, moulinages, teintureries, etc. Gros et détail, rue de Lyon, 87, près la place Bellecour.

Cartes géographiques

THIBAUDIER et BOIN, rue de l'Hôtel-de-Ville, 94. Cartes du dépôt de la guerre, propriétaires-éditeurs de la carte du département du Rhône par Rombiélewski, cartes et atlas publiés par la maison Justus Perthes de Gotha, dépôt des cartes Andriveau-Goujon, globes terrestres et célestes, dépôt de l'indicateur des soies et soieries 1874.

Châles (raccommodage de)

TISSOT (Mme), rue du Plat, 16. Spécialité pour le racrochetage et la réapplication des cachemires de l'Inde changement de fond, mise en carré de châles longs, utilise les vieux châles démodés pour la confection du burnous, fournisseurs de fonds et de franges en tous genres, dégraissage et ravivage des couleurs.

Courroies pour usines

MAGNIN (J.) et Ce, rue de Vendôme, 24. Manufacture de cuirs et courroies, vissées, cousues, rivées ou collées, spécialité de cuirs imperméables breveté s. g. d. g., caoutchouc souple et durci pour applications industrielles, fournitures générales pour usines.

BRÉNOT (L.). Manufacture spéciale de cuirs et courroies pour machines et filatures, moulinages, teintureries, etc., courroies perfectionnées, jonction à vis cousues, soudées et rivées, place Bellecour, 26, usine à Paris, rue Saint-Maur, 244.

Doreurs sur étoffes

LYONS (Th.); rue Terraille, 22, Lyon. Dorures sur étoffes, chefs de têtes de pièces pour soieries et velours; Médailles d'argent et de bronze à l'exposition de Lyon 1872.

RAY jeune, impressions couleurs or et argent sur étoffes, rue Palais-Grillet, 12.

PUIGSECH (L.) et Ce, rue Terraille, 18 et rue Désirée, 17. Aux Marques de Fabriques.

Ecole de fabrique

PEYOT (F.), place Croix-Pâquet, 5. Professeur; médaille d'or 1852; médaille de bronze 1855, mention honorable 1867.

Essences à détacher

CRÉ, quai de l'Hôpital, 10. Concessionnaire de l'Eau merveilleuse à détacher et à dégraisser les gants, les étoffes soie, laines, fil et coton ornement d'église, etc.

Fumivore (appareil).

MIGUET, FOND et Ce, rue de Condé, 32. Grille économique et fumivore à circulation continue d'eau, b. s.g.d.g., pouvant s'adapter à toutes les chaudières à vapeur.

Graines de vers à soie

DULAT (P.), centralisation d'échantillons de graines de vers à soie de toutes provenances, au bureau du journal le *Moniteur des soies*, rue de la Bourse, 14. Renseignements gratuits aux éducateurs.

Mécaniciens pour la fabrique

BURDET et Ce, rue Désirée, 17. Construction d'usines, filatures, moulinages et essais de soies. *(voir à la couverture commencement du volume).*

BERTHAUD (J.) et Ce, rue Désirée, 6. Usine à vapeur rue de Vendôme, 132, construction d'usines, filatures moulinage et essais de soies. *(voir aux annonces commencement du volume.)*

Papetiers spéciaux pour la fabrique

CHAVENT (veuve), place Croix-Pâquet, 2 et 3. Spécialité de papiers pour soieries, fournitures de bureaux, fabrique de registres, barêmes, anglais et français, tableaux à l'usage de la soierie. (Dépôt de l'*Indicateur des soies et soieries* 1874.)

CHANAL, GAGNIEUR et PIÉROUX, rue Lafont, 18 et rue du Garet, 3. Dépôt des manufactures de papiers d'Angoulême, spécialité de papiers-cartons pour la soierie et fabrique de registres.

Papeterie et librairie militaires

BONNAIRE, rue Gasparin, 23, près la place Bellecour. Lyon. Fournitures pour bureaux et administration, fabrique de registres, cartonnage et reliure en tous genres. *Guide du Fourrier*, par Beaugé, chef de bataillon au 43e de ligne. Théories diverses. Livrets pour officiers, sous-officiers et caporaux, comptabilité pour capitaines-trésoriers et officiers payeurs de tous les corps. Cartes géographiques du dépôt de la guerre.

Peignes à tisser

COINT-BAVAROT aîné et Ce, rue des Capucins, 22 et rue Coustou, 5. Médaille à Paris. 1867, membre du jury, hors concours Lyon, 1872, peignes et dents de peignes à tisser, spécialité de peignes forts et réguliers pour la moire, les gazes à bluter et les toiles métalliques ; médailles aux expositions de Londres, de Bordeaux, du Havre, de Paris, deux brevets de perfectionnement. Maison à Voiron (Isère.)

NOTICE

Avant de donner quelques explications sur ce système, nous devons répondre à une objection qui nous a été faite et qui pourra se renouveler. On nous a dit : En supprimant deux opérations dans votre moulinage, vous heurtez de front le principe de la division du travail qui, seul cependant, permet d'abaisser le prix de la main-d'œuvre que vous voulez réduire et de perfectionner les produits que vous prétendez améliorer.

Mais qu'est-ce que la division du travail ? Elle consiste, si nous ne nous trompons, à ne pas confier aux mêmes mains différents genres de travaux et à créer dans les ateliers autant de spécialités que d'objets divers à fabriquer. C'est que, en effet, un ouvrier qui fait toujours la même chose fait mieux, plus vite et ne perd pas de temps à changer d'outils et à s'y habituer.

Eh bien, y a-t-il antipathie entre cette création de rôles et leur distribution et la suppression de certaines opérations ? Non, évidemment.

Ce n'est que par des suppressions successives qu'on est parvenu à doter l'industrie de ces machines aussi simples qu'ingénieuses qui permettent de produire à des prix fabuleusement bas. Voudrait-on, sous prétexte de division de travail, reculer de plusieurs siècles ?

En ce qui concerne notre moulin, le principe de la division du travail n'a rien à voir, attendu qu'il ne s'y pratique qu'une seule et unique opération : *ce sont deux fils qui passent de leur bobine sur une troisième*, de même que, dans le purgeage actuel, le fil se rend d'une bobine sur une autre ; de même que, au doublage deux fils se transvasent de deux bobines sur une troisième. Ces opérations de purgeage et de doublage sont aussi compliquées que la nôtre et les unes et les autres ne le sont pas du tout. Ici et là tout se borne, pour l'ouvrière, à rajuster les fils lorsqu'une casse survient.

Une personne de haute capacité en matière de filature et de moulinage et qui se connaît en division de travail (1) consultée sur le mérite de notre moulinage, lorsqu'il était tout-à-fait dans l'enfance, le jugea digne de son patronage et voulut lui-même faire *tout le nécessaire* pour prendre le brevet qui devait garder la propriété de l'invention.

Fonctionnement du Moulin

Nous plaçons les bobines A telles qu'elles sortent du dévidage ou du purgeage sur les fuseaux supérieurs. Nous en conduisons les fils sur les suspensions D ; de là, en les faisant passer par les barbins J, nous les descendons deux par deux sur les bobines inférieures B. Cela fait, le moulin n'a qu'à se mettre en marche.

Les fuseaux supérieurs tordent séparément chaque fil. *Première opération.* Les fils se réunissent deux par deux dans les barbins. *Deuxième opération.* Enfin ainsi réunis, ils se retordent en se rendant sur les bobines inférieures. *Troisième opération.* Mais comment s'effectuent : 1° la première et la deuxième torsion ? 2° comment l'envidage ?

Double torsion. Les fuseaux de la première et de la seconde torsion sont animés par une courroie unique ; mais, tandis que ceux du filage sont établis *derrière* la courroie, ceux du retordage sont placés *devant*. De là tournage à droite pour les uns, tournage à gauche pour les autres. Partant torsions en sens inverses ainsi que l'exigent les organsins, les grenadines, les soies à coudre etc.

Échelle de 1/5.

Envidage. — Étant donné un fuseau tordeur et envideur muni d'une ailette. Si, ce fuseau étant en repos, on veut opérer l'envidage, on n'a qu'à faire tourner l'ailette, la faire avancer et elle devient cette main qui distribue le fil autour de la bobine. Supposons maintenant que le fuseau, au lieu de rester stationnaire, fasse ses évolutions, que doit faire l'ailette ? 1° Suivre le fuseau pas à pas afin de conserver vis-à-vis de lui la même situation que lorsqu'il était en repos ; 2° poursuivre son [illegible] par ce seul fait que l'ailette est adhérente au fuseau pour le petit appareil E E et la seconde par l'effet produit pour ce même appareil, lequel reçoit le mouvement du fuseau et le communique à l'ailette dans les proportions voulues pour produire une avance plus ou moins grande, avance d'où résulte un envidage plus ou moins rapide et par suite le degré de torsion.

Avantages de ce système

AU POINT DE VUE DES PRODUITS :

1° Les fuseaux se pressant les uns les autres contre la courroie motrice, les glissements sont impossibles ou *jamais*. (Pas n'est besoin d'avoir recours aux ressorts automatiques dont l'effet est plus que douteux). Par conséquent, torsion du filage parfaitement régulière.

2° Retordage mathématiquement régulier, réglé qu'il est par des engrenages.

3° Par l'adoption au filage, de petites bobines de la dimension de celles qu'on emploie dans les moulins perfectionnés de soies à coudre, pas n'est besoin de les équilibrer, tournage toujours régulier et sans soubresauts.

4° Les fuseaux, réglant eux-mêmes l'envidage *d'après leur marche*, qu'ils tournent vite ou doucement, la torsion ne varie jamais.

5° Les arbres des tambours étant reliés par un arbre de couche, jamais de retards aux extrémités des moulins.

AU POINT DE VUE DE LA FABRICATION :

1° Deux mains-d'œuvre de moins.

2° Deux déchets de moins

3° Deux tiers de séjour de moins en fabrique, soit économie d'intérêt d'argent.

4° Économie de force motrice.

AU POINT DE VUE DES FRAIS D'ÉTABLISSEMENT :

1° Économie de deux métiers : moulin de filage et doublage.

2° Idem de 4/5 sur les constructions, (Chaque dix centimètres donne place à trois fuseaux). J'en place 45 là où on n'en peut placer que 15.

3° Idem de force motrice.

---

(1) Dusigneur-Kléber, de Lyon.

MOULIN SYSTÈME TASTEVIN.

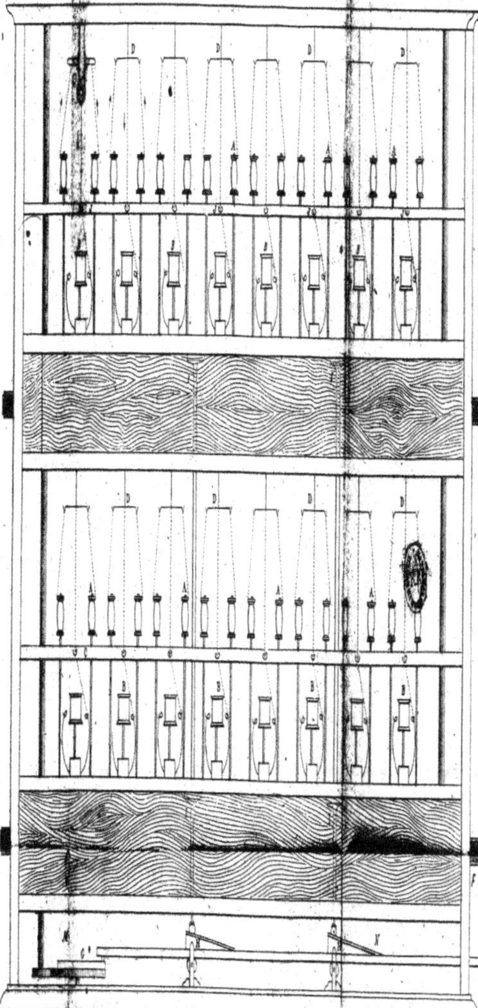

LÉGENDE

A Bobines sortant du dévidage ou du purgeage.

B Bobines opérant la seconde torsion et l'envidage.

C Croisures à échappement.

D Suspensions à bascule.

E Engrenages réglant la torsion et l'envidage.

F Tambour animant les fuseaux.

G Engrenages et cœur animant les plans inclinés.

H Plans inclinés.

I Supports des plateaux à va-et-vient.

J Barbins assembleurs.

L Engrenage transmettant le mouvement à l'ailette.

M Engrenages accouplés intermédiaires de ce mouvement.

N Engrenage fixé à l'ailette et recevant le mouvement des trois autres.

Échelle de 1/10.

Vue en plan du va et vient M N

Lyon, Imp. Charrasse, Place de Lyon, 53.

[illegible] donner quelques explications [illegible]
[illegible] nouveler. On nous a dit : [illegible]
[illegible] la division du travail qui, seule cependant, permet d'abaisser [illegible]
perfectionner les produits que vous prétendez améliorer.

Mais qu'est-ce que la division du travail ? Elle consiste [illegible] différents genres de travaux et à créer dans des ateliers autant de spécialités [illegible], un ouvrier qui fait toujours la même chose fait mieux, et plus vite [illegible] [illegible]

[illegible] y a-t-il [illegible] entre cette création de rôles et leur [illegible] [illegible]

Ce n'est que par des suppressions successives qu'on est parvenu à [illegible] niques qui permettent de produire à des prix [illegible]. [illegible] plusieurs siècles ?

[illegible] principe de la division du travail [illegible] seule et unique opération : ce sont *deux fils qui passent de leur bobine* [illegible] [illegible] d'une bobine sur une autre ; de même que, au [illegible] troisième. Ces opérations de purgeage et de doublage sont aussi [illegible] sont pas du tout. Ici, et là tout se borne, pour l'ouvrière, à rajuster les [illegible]

Une personne de haute capacité en matière de filature et de moulinage [illegible] le mérite de notre moulinage, lorsqu'il était tout à fait dans [illegible] lui-même faire tout le nécessaire pour prendre le brevet qui devait garan[illegible]

[illegible] Nous plaçons les bobines A telles qu'elles sortent du dévidage ou du [illegible] sur les fuseaux supérieurs. Nous en conduisons les fils sur les suspens[illegible] de là, en les faisant passer par les barbins J, nous les descendons [illegible] deux sur les bobines inférieures B. Cela fait, le moulin n'a qu'à se met[illegible] marcher.

Les fuseaux supérieurs tordent séparément chaque fil. *Première opé*[illegible] Les fils se réunissent deux par deux dans les barbins. *Deuxième opé*[illegible] [illegible] ainsi réunis, ils se retordent en se rendant sur les bobines inférieures [illegible] opération. Mais comment s'effectuent : 1° la première et la [illegible] 2° comment l'envidage ?

[illegible] Les fuseaux de la première et de la seconde torsio[illegible] [illegible] par une courroie unique ; mais, tandis que ceux du filage sont [illegible] courroie, ceux du retordage sont placés [illegible]. De là [illegible] droite pour les uns, tournage à gauche pour les autres. Partant torsions inverses ainsi que l'exigent les organsins, les grenadines, les soies à cou[illegible]

Envidage. — Étant donné un fuseau tordeur et envideur muni de [illegible] opérer l'envidage, on n'a qu'à faire tourner l'ailette, la faire avancer et [illegible] la bobine. Supposons maintenant que le fuseau, au lieu de rester [illegible] [illegible] suivre le fuseau pas à pas afin de conserver vis-à-vis de lui la même [illegible]
[illegible]

AIN

Filateurs.

Arloz (le comte d'), à Mézeirieux.
Banse et Guimont, Tenay.
Warnery et Morlot, Argis et Tenay.

Filateurs et cardeurs de déchets.

Banse et Guimont, Tenay.
Baudin, Dortan.
Buffet (veuve), Chaley.
Dupont, St-Rambert.
Franc père fils et Martelin, Saint-Rambert.
Lizier, Buffet et Fournier, Chaley et Tenay.
Sibuet (L.), Chaley.
Sibuet père et fils, Chaley.

Moulinier.

Bressac et Ce, St-Rambert.

Soie à coudre (fab.).

Monnet et Bazin, Vaux.

Teinturier.

Grobon, Miribel

Tissage de soie.

Audibert, Monin et Ce, Poncin.
Bonnet (les petits fils de C.-J.) à Jujurieux.
Buridon, Martignat.
Picquet, Croissiat.
Pansut, Bellignat.
Pattez, Martignat.
Chapelle et Ce, Poncin.

Etoffes de soie et bourres de soie.

Grillet aîné, Nantua.

AISNE

Marchands de soie.

Comont-Colinet, St-Quentin.
Debionne, St-Quentin.
Delvigne (H.), St-Quentin.
Morel, St-Quentin.

Fabr. de soie à coudre.

Mézières, de Paris, Vauxbain.

ALPES (BASSES)

Filateurs.

Moyrand, à Sisteron. — Robert, à Manosque.

ALPES (HAUTES)

Déchets.

Chancel frères et Allioth, à Briançon.

ALPES-MARITIMES

Filateurs.

Balestre, Nice.
Cavalier fils, Grasse.
Chauve, Grasse.
Olivier frères, Nice.

Marchand de graines de vers à soie.

Marcy (Albin), Grasse, (Alpes-Maritimes). Graines de vers à soie à cocons jaunes. Système Pasteur, grainages par sélections. Deux 1ers prix et Trois médailles.

ARDÈCHE

Condition des soies.

Privas, directeur M. Bordaz.
Aubenas, directeur M. Mongenot.

Commissionnaires en soies grèges et ouvrées.

Brunel père, fils et Ce, Aubenas.
Bertoye frères. Aubenas.
Molle et Roche, Aubenas.
Dupré et Blanc frères, Aubenas.
Casimir Bouchard, Aubenas.
Jamme père et fils, Privas.

Filateurs et mouliniers.

Aurenche, St-Fortunat.
Barrès frères, St-Julien-en-St-Alban.
Bayle père et fils, St-Sauveur-de-Montagut.
Béchetel, Annonay.
Béchetoile (L. et frères), Annonay.
Berchon fils, Flaviac.
Bertrand, Coux.
Blachier frères, Annonay.
Blanchon (veuve B.), Flaviac. Filature et ouvraison
Londres 1872, prize medal.
Paris 1867, médaille d'argent.
Vienne 1873, médaille de mérite.
Blanchon (L.), St-Julien-en-St-Alban
Borne, Aps.
Bourret et de Micheaux, Privas.
Boutier, Chomérac.
Brunet et Mathieu, les Vans.
Chabert (J.) et Ce, Chomérac. Filatures de soie à divers titres; moulinages pour organsins et trames, ouvraisons à tours comptés et pesés.
Médaille d'argent à Paris 1867.
Médaille d'or à Lyon 1872.
Médaille de progrès à Vienne 1873
Clauzel frères, St-Julien-en-St-Alban.
Clauzel (Louis), St-Julien-en-St-Alban par Flaviac. Filature et moulinage d'organsins, spécialité de fil soie pour capiures dites à

l'anglaise, marque déposée.
Champanhet-Sargeas, (Cuchet père, fils et Ce, successeurs), Vals.
Changéa (F.), la Mastre. Médaille à Londres, Paris et Lyon.
Chenet, Villevocance.
Colomb d'Aldebert, Privas.
Comte fils, Charmes.
Coulet jeune, Gluiras.
Deleyrolle, les Vans.
Deydier et fils (P.), Aubenas.
Duclaux-Monteil et Sautel, les Vans.
Durand frères, Flaviac.
Forestier, Joyeuse et Laurac.
Fougeirol, Ollières.
Fraissinet-Bruneau, les Vans.
Fuzier, St-Julien-en-St-Alban.
Gamet-Laffont, Privas.
Manifassier et Duglou, au Pouzin.
Marmey (L.), Charmes.
Martin-Méjean, les Vans.
Micheaux (de), Flaviac.
Ollier et de Rocher, Aubenas,
Palluat et Testenoire, Largentière.
Pélegrin, St-Marcel-d'Ardèche.
Perbost (A.), Largentière.
Perbost (J.), Largentière.
Pinet (G.), Beauchastel.
Roche fils, Jaujac.
Roustain, Lavilledieu.
Sautel, aux Vans et à Largentière.
Sevenier, à Chambonas. Achat de grèges, paquetailles et filature à la commission,
Soubeyrand (L.), Vinezac.
Tarandon et Bruneau, Neyrac.
Terrasse frères et sœurs, Chomérac. Filature et ouvraison en organsins, trames à tours comptés et ordinaires. Constructeurs de mécanismes à ouvrer toutes espèces de soie.
Deux médailles aux expositions.
Trapier, Chomérac.
Vachez (G.), Viviers.
Vernède frères, Joyeuse.
Vielfaure (A.), Joyeuse.

Filateurs.

Astier, le Pouzin.
Avon, Chomérac.
Balayn, St-Victor.
Bayle fils, St-Sauveur-de-Montagut.
Bérard-Dumaret, Chomérac.
Blachère (C.), Largentière.
Borne (M.), le Teil.
Bouvet, St-Félicien, les Vans. Soies fines et douppions.
Bouvier, St-Symphorien-d'Ozon.
Caillat et Bossat, Tournon.
Chabannes, Pont-de-la-Beaume.
Chapelle père et fils, Tournon.
Chareyre, St-Fortunat.
Charraix, Ribes.
Charrier, St-Laurent-du-Pape.
Chiffet, la Mastre.
Colomb père et fils, les Vans.
Courbassier, le Pouzin.
Dagrèves, la Mastre.
Dornas, la Voulte,
Duclos-Monteil, les Vans.
Durand, la Voulte.
Espiard, le Theil.
Fayol frères, la Voulte.
Félix frères, Brune.
Fraissinet (E.), les Vans.
Froment, Assions.
Gervit, Lamastre.
Girard, Bourg-St-Andéol.
Giraud (H.), St-Andéol et Marcols.
Goujon, St-Andéol et Marcols.
Jacquin, Viviers.
Junique, St-Victor.
Laroche, St-André-de-Cruzières.
Marchier (Mlle), Chomérac.
Osternand et Fartoul. la Mastre.
Penot, Laplanche, Joyeuse.
Prat et Romanet, Joyeuse.
Rey (E.), Assions.
Rey (mère et fils), Brune.
Tarandon (R.), Neyrac.
Tulli, le Pouzin.
Vielfaure et Bertoye, Vernon.
Vignal, St-Michel-Chabrillanoux.
Villedieu, le Scipionné.

Mouliniers.

Anselme, Charmes.
Archimbaud, Pont-d'Aubenas.
Arnaud-Coste, Privas.

Arzelier et Brunau, Rochers.
Audouard, Rochemaure.
Avias frères, Veyrière.
Avias (Ch.), les Portes.
Balazuc, Flaviac.
Bastide, Largentière.
Bauthéac, Alissas.
Bernard-Dupré, Aps.
Berthaud, Meysse.
Bertaud (G.), le Theil.
Bertoye, Villeneuve-de-Berg.
Bertrand (L.), le Theil.
Bertrand (J.), le Theil.
Blachère, Antraigues.
Blachère (A.), St-Pierre-s.-Aubenas
Bonhomme, Cruas.
Bonnet (L.), Vals.
Bouchon, Dornas.
Bourgeat (A.-R.), Privas. Trames ordinaires à tours comptés et pesés. — Pliage en tous genres.
Bourret (C.), Largentière.
Bourret (H.) et Ce, Foulix.
Borelly (P.), Prades.
Breton, Privas.
Bruneau-Dubois, Joyeuse.
Brun, Mayras.
Burzet, Burzet.
Caillet fils, Vocance.
Carle et Manen, Ste-Croix.
Chabannes, Pont-de-la-Beaume.
Chadeysson, St-Etienne-de-Fontbellon.
Chambaud, Chomérac.
Chambon, Ste-Croix.
Chambon (U.), le Cheylard.
Champestève frères, au Theil et à Aps
Chanaleilles, Joyeuse.
Chanaleilles (F.), Aubenas.
Chanaleilles (A.), Jaujac.
Charras (veuve), Privas.
Chasson frères, St-Privat.
Chastan jeune, Pont-d'Aubenas.
Chatagnier, Lenteillière.
Chiffet, la Mastre.
Cholvy, la Souche.
Clauzel (L.), St-Julien-en-St-Alban.
Combier père et fils, Aubenas.
Comte (L.), St-Pons.
Comte (P.), Pont-d'Aubenas.
Comte frères, St-Etienne-de-Boulogne.
Conrieu (L.), Pont-d'Aubenas.
Corsat, Serrières.
Coste (N.), Rochier.
Cotta, Marcols.
Coulet, Marcols.
Court (A.), Perverange.
Court (G.), Burzet.
Crégut, la Bégude.
Cuchet père et fils, Aubenas.
Cuchet (H.), Vals.
Cuer, Aubenas.
Dagrève, la Mastre.
Dauthségure (A.), Nieigles.
Dauthségure et Poutier, Nieigles.
Delaygue, St-Pierre-du-Colombier.
Déchandol, Vals.
Déguilhen, Pont-d'Aubenas.
Dejoux (H.), les Portes.
Deleyrolles fils, la Bégude.
Delubac frères, Vals.
Delubac (J.), Prades.
Delubac (H.), Prades.
De Montès, Privas.
Deydier et Verny, St-Privat.
Discours, St Etienne-de-Fontbellon.
Doux, St-Michel-de-Boulogne.
Dufour, Vals.
Dufour, à la Chapelle.
Dumas (C.), St-Privat.
Dumas (Th.), St-Etienne-de-Fontbellon.
Dumas (veuve) et Jobard, Privas.
Dumas frères, St-Etienne-de-Fonbellon.
Dumas-Régis, St-Etienne-de-Fontbellon.
Dumas et Bruneau, Joyeuse.
Duplan, Ucel.
Dupré-Demontès, St-Pons.
Dupré (A.), St-Sernin.
Durand (P.), Pont-des-Coux.
Durand (E.) aîné, Jaujac.
Durand (E.) cadet, Jaujac.
Durand-Reymond, Largentière.
Escoffier, Vanosc.
Farjeon, St-Etienne-de-Fontbellon.
Faure, Antraigues.

Félix frères, Brune.
Fombon, Vesseaux.
Forestier, Vernon.
Fougérol aîné, Privas.
Fourniol père et fils, Privas.
Fourniol frères, St-Priest.
Fuzier, St-Julien-en-St-Alban.
Galimard père et fils, Vals.
Gamet, Flaviac.
Garilhe, Antraigues.
Gat, Rochessauve.
Gaucherand et Briant, Saint-Pierre-sous-Aubenas.
Gayte (veuve), Privas.
Giffon, Marcols.
Gimond père et fils, Vogüé.
Gimond, le Cheylard.
Giraud (H.), Marcols.
Giraud (L.), Privas.
Giraud (H.), St-Sauveur.
Giraud (R.), le Cheylard.
Giraudier, Jaujac.
Glaizal (E.), Vanosc.
Glaizal (F.), Vanosc.
Gouy (C.), Pont-d'Aubenas.
Gouy (J.), Darbres.
Gouy (F.) et Villars, Vals
Hébrard et Deydier, St-Pons.
Issartel, Joannas.
Jaussen, Vals.
Joannard, le Cheylard.
Julien, Aubenas.
Juston, Vernoux.
Labeille, Valvignières.
Lablache, St-Étienne-de-Fontbellon
Lacombe, Neyrac.
Ladrey aîné, le Cheylard.
Ladrey père, le Cheylard.
Lafayolle-Giraud, Marcols.
Lafond, Montpezat.
Lafond (E.), Malosse
Lafond (S.), Chambonas.
Lafond frères, St-Pierre-du-Colombier.
Lafont (L.), le Cheylard.
Lafont (P.), le Cheylard.
Laurent, Aps.
Levolay, Privas.
Leynaud et Théron, Vals.
Leynaud (F.), Jaujac.
Liautier, Joannas.
Lochet, St-Symphorien-d'Ozon.
Lorriol et Dussère, Ribes.
Marconnet (R.), Pourtalon.
Marconnet (V.), Montpezat.
Martaresche, Antraigues.
Martinesche, les Landes.
Martin fils, le Cheylard.
Martin (P.), la Souche.
Maneut (A.), Saint-Pierreville.
Marze (L.), St-Pierreville.
Mathieu, St-Julien-du-Gua.
Mazon, St-Michel-de-Boulogne.
Mazellier (M.), Vals.
Menu, la Chapelle.
Meyssonnier (A.), Antraigues.
Michelon, Charmes.
Mignot frères, Annonay.
Molle (A.), Pont-d'Aubenas.
Morel, Marcols.
Morel (E.) et fils, Pont-d'Aubenas.
Moulines, Vals.
Mounier (veuve), Privas.
Mounier (P.), St-Christol.
Moyère, Dornas.
Murrin, Jaujac.
Ollier et de Rocher, Aubenas.
Paillon, Pont-de-la-Baume.
Palix, St-Sauveur-de-Montagut.
Père fils (E.), au Pont-d'Aubenas. Usines de 1,000 tavelles pour l'ouvraison des soies de toutes provenances. Ses divers produits organsins et trames : mention honorable, Lyon 1872. Pour perfectionnement de ses produits : médaille d'or, Lyon 1873. Usines situées au Pont-d'Aubenas, disposées, en raison de leur grande production, à faire des ouvraisons pour le compte de divers.
Peméant, Privas.
Perge, Roubreau.
Perrier, Viviers.
Peyronnet, Dornas.
Plantevin (Ch.), Burzet.
Plantevin aîné, Veyrières.
Plantevin (F.), Auluyères.
Pontier et Dausségure, Auluyères.
Poumarat, la Pervenche.

Pradal, Aubenas.
Prunaret, Mayres.
Racajel fils, Antraigues.
Raphanel, Nieigles.
Reynaud, St-Symphorien-d'Ozon.
Ribon-Sautel, Rocles.
Ricard (G.), le Crouzet.
Rigat, Aubenas.
Riou, Marcols.
Roche (V.), Jaujac.
Roche (E.), Pont-d'Aubenas.
Rochier, Aubenas.
Roger (A.), Aubenas.
Roger (E.), St-Pierre-s.-Aubenas.
Roubin, Aubenas.
Rourin fils, St-Etienne-de-Serres.
Sabatier, Dornas.
Salomon (L.), Marcols.
Salomon (S.-P.), Marcols.
Sautel fils, au Prat.
Sercours, St-Pierre-du-Colombier.
Serret, St-Etienne-de-Fontbellon.
Seston, Vernoux.
Sevénier, les Vans.
Silhol (M.), Vals.
Soboul, Uzèr.
Soubeyrand, Chassiers.
Souche, St-Priest.
Souche-Bruneau, Montpezat.
Stéoul, Flaviac.
Suchon, la Bégude.
Tailhand, Montpezat.
Tarandon (A.), Neyrac et Jaujac.
Tarandon (Z.), Jaujac.
Terrier, Pranles.
Tinland, St-Etienne-de-Serres.
Tourrette (H.), Aubenas.
Tourrette (M.), Pont-d'Aubenas.
Tourrette (E.) veuve et fils, Saint-Privat.
Tourrette (H.) neveu, St-Privat.
Tourrette (P.), Barnas.
Tourvieille, le Chambon.
Verger, Givon.
Vernède (J.), Fontanes.
Vernet, St-Pons.
Veyreusse, St-Pierreville.
Veyrent, Aubenas.
Veyrin et Bouchard, Pont-de-la-Beaume.
Villars, Vals.
Vieu, Privas.
Vincent, Montpezat.
Vincent (C.), le Theil.
Vincent (H.), Aubenas.
Vincent (H.), Privas.
Vincent, le Theil.
Vincent fils, Largentière.
Volle (A.), Aubenas.

DIVERS.

Négociants en soie et déchets.

Benevis (H.), Largentière.
Chambordon, St-Fortunat.
Chastanier-David, Vinezac.
Chevalier (A.), St-Paul.
Eudil, Vallon.
Gache, Largentière.
Gache (L.), Largentière.
Jouve et Ce, Largentière.
Levoley, Privas.
Massot, Vallon.
Massot, Vallon.
Reymond-Durand, Largentière.
Rouve-Lengin, Vinezac.
Soulerin, Vinezac.
Tendil, Vallon.
Vincent fils, Largentière.
Volle, Vallon.

Importateurs et marchands de graines.

Argenson (L.), importeur, les Vans.
Bénevis (H.), marchand, Largentière.
Bouvet, marchand, St-Félicien.
Bolze, marchand, aux Assions.
Boyer (Th.), marchand, Chanzon.
Changea, marchand, la Mastre.
Duclaux-Monteil et Achard, importeurs, les Vans.
Espiard, marchand, le Theil.
Gravier (M.), importeur, Largentière.
Hugon, marchand, Viviers.
Jouannin (O.), importeur Largentière.
Jouret, importateur, à Villeneuve-de-Berg.

Mathieu (A.), marchand, Chassiers.
Pellet (A.), importeur, les Vans.
Peyrousse, marchand, Chassiers.
Roustan (E.), importateur depuis 1864. 15e année de grainages, s'occupe aussi de l'importation des reproductions de Syrie. — Grainages microscopiques et cellulaires au système Pasteur, Lavilledieu.
Rieu (B.), marchand, Largentière.
Rondil (A.), marchand, la Blachère.
Vachez (A.), importeur, Viviers.
Vachalde (F.), importeur, les Vans.

AUBE

Marchand de soie, Hoppenot, à Troyes.

BOUCHES-DU-RHONE

Les noms marqués d'un * ne font que l'importation des soies et cocons.

Marseille

Courtiers inscrits.

Lassave (E.), r. Sylvabelle, 26.
Riboulet, c. du Chapitre, 19.
Allard, c. Pierre-Puget, 58.
Rambaud, r. St-Basile, 2.
Roustan, r. Dragon, 31.

Courtiers non inscrits.

Moullard, r. de la République, 19.
Séon (A.), r. Grignan, 76.
Vigoureux, allées des Capucines, 34.
Leroux, Gde-Rue, 57.
Giraud (J.), r. Consolat, 158.

Négociants et commissionnaires en soies et cocons

*Agelasto (M.) et fils, allées des Capucines, 23.
*Allatini et Ce, c. Pierre-Puget, 24.
*Argenti, Schilizzi et Ce, r. de l'Arsenal, 4.
Arzeian, r. de l'Ormeau, 15.
Anthouard et Ce, p. St-Ferréol, 9.
Arlès-Dufour et Ce, p. Paradis, 7.
Baux et E. Fraissinet, r. Vacon, 60.
Blanchard, successeur de Benoît Miroglio et Ce, r. St-Jacques, 34.
*Caramano (Ph. G.), allées des Capucines, 17.
*Canon (Elias) et Ce, r. Venture, 11.
*Chehiantz et fils, r. St-Ferréol, 2.
Debourg, r. Breteuil, 102.
Delon et Ce, r. Grignan, 52.
Desgrand (L.), et Ce, r. Montgrand, 14.
Dobler, r. Breteuil, 20.
*Estrangin (H.), pl. Paradis, 7.
Ferrieu (J.-S.), r. Sainte, 44.
*Grandjounsoff et fils, r. Breteuil, 19
Gibily et Voisin, r. d'Arcole, 6.
Gimmig frères et fils de Piot le jeune, r. des Princes, 14.
Giraud frères et Ce, r. Sainte, 42.
*Heschia Semtov, r. Breteuil, 63.
*Julliany père et fils, r. des Quatre-Patissiers, 3.

La Nicca (R.) et Ce, r. Grignan, 56.
Laroche, r. Breteuil, 43.
*Lazzaro (E.-H.), r. Breteuil, 34.
Mazade (A.), r. Montgrand, 56.
Mazel (A.), r. République, 19.
*Micrulachi (E.), allées des Capucines, 27.
Modiano (les fils d'Isaac), r. Montaux, 14.
Molines et Ce, c. Pierre-Puget, 52.
Modiano (S. et A.) et Ce, r. Saint-Jacques, 29.
Morand (A.) et Ce, r. Grignan, 42.
Mourgue d'Algue et fils, r. Estelle, 3.
*Naggiar (E.) et Ce, c. Pierre-Puget, 26.
*Nicolaides, c. Pierre-Puget.
Pila (Ulysse) et Ce, r. Montgrand, 20.
*Prassacachi (C.), allées des Capucines, 35.
Racine et fils, r. Breteuil, 30.
*Ralli, Schillizzi et Argenti, allées des Capucines.
*Reggio (G.) et fils, b. de la Liberté, 7.
Régis Revol, c. Pierre-Puget, 6.
Rosemburger frères et Ce, b. Notre-Dame, 11.
*Roux de Fraissinet et Ce, r. Montgrand, 56.
Salavy et Ce, r. Armény, 23.
Silhol (J.), c. Pierre-Puget.
*Spartali et Ce, b. du Muy, 2.
*Séchiari frères et Ce, allées des Capucines, 47.
*Serbos (M.-S.), r. Montgrand, 40.
Stocker Goldschmidt et Ce, r. Montgrand, 50.
Sonchon (L.) et Ce, b. Notre Dame, 15.

CALVADOS

Marchands de soie.

CAEN

Colas (J.-B.) et fils, maison au Puy (Haute-Loire) et à Grammont (Belgique).
Duval (Aug.).
Drouet et Ce, maison au Puy (Haute-Loire) et à Grammont (Belgique).

DROME

Chambre consultative des Arts et manufactures.

Valence, président, M. Lambert, ancien filateur et moulinier.

Condition des soies.

Valence, directeur, M. Prothon.
Montélimar, directeur, M. Félix Delarbre.

Filateurs et mouliniers.

Alyre-Bourbon, Saint-Laurent-en-Royans.
Argaud, Granne.
Armandy, Mollans.
Baboin, St-Vallier.
Bérard-Dumarest, Roche-sur-Granne
Bérard (A.) (de Lyon) frères, la Bé-

gude de Château--de Mazenc.
Bérard (A.), Saulce.
Bessy, Granne.
Blanc (V.), Mirmande.
Borne (G.), Valence.
Bouillet, Chabeuil.
Bouvet (A.) Crest.
Brunet et Viel, Crest.
Chartron père et fils, St-Vallier et St-Donat.
Combier frères, Livron.
Combier-Blanchon, Livron.
Cotte (Tiburce), Clérieux.
Courthial et Lafayolle-Giraud, Valence.
Denis cadet, Livron.
Dumollard, St-Vallier.
Durand (E.), Granne.
Estran (Urb.), Mirmande.
Feugier père et fils, St-Donat.
Format-Argaud, Granne.
Helme, aux Sablons.
Hiltebrand (C.), Romans.
Gaillard fils, Romans.
Gauthier (F.), Nyons.
Grangeon (P.), Beaufort.
Jammes, St-Jean-en-Royans.
Lacroix, Montboucher.
Lafont (Palluat et Testenoire), Montclard.
Lascour, Crest.
Leydier (L.), Buis-les-Baronnies (trames).
Lombard, la Garde-d'Adhémard.
Mazade frères, le Grand-Serre.
Palluat et Testenoire, St-Jean-en-Royans et Saillans.
Penet-Dumazy, St-Donat.
Pinet (veuve) et fils, Romans.
Raud, Chabrillan.
Reymond-Lambert, Bourg-du-Péage et Romans.
Roux de Fraissinet (Marseille), Chabeuil.
Sérusclat (L.), Etoile, Duglou, successeur.
Terrasse, Loriol.
Verdet et Cᵉ, Buis-les-Barennies.
Vertupier-Colombier, Divajeu.
Viel (J.) et Cᵉ, Nyons.
Villard et Bocoup fils, St-Vallier.

Filateurs.

Accard et Augier, Valence.
Alibert, Montmeyran.
Arduin, aux Granges-Gontardes par Pierrelatte.
Arnoux, Montmeyran.
Autran aîné, Montélimar.
Bérard (E.), Buis les-Baronnies.
Bérard (E.), Mirmande.
Bernard (V.), Chabeuil.
Bouquet, Eurre.
Bouvier (J.), Granne.
Bouvier (A.) fils, Chabeuil.
Brixo-Gillane, Beaumont-lès-Valence
Brotte, Etoile.
Brun, St-Paul-Trois-Châteaux.
Buis, Mirabel-lès-Baronnies.
Calvier, Sauzet.
Chapelle père et fils, Tain.
Chareyron, Ancône.
Charrin, Loriol.
Chierpe, Tain.
Chuvin père et fils, Suze-la-Rousse.
Clerc, Beaumont-lès-Valence.
Colombon, Allan.
Constant (O.), Loriol.
Coste, Clious-Clat.
Delon frères, St-Jean-en-Royans.
Demicheaux (F.) et Cᵉ (de Lyon), Loriol.
Ducros (veuve), Beaumont-lès-Valence.
Duglou, la Coucourde.
Dumas, Loriol.
Dutour et Magnanon, Montélimar.
Estival, Livron et Die.
Eymieu, Pierrelatte.
Francou, Buis.
Gauthier (V.), Donzère.
Gencel, Montmeyran.
Gourjon, Chabran et Revol, Saint-Gervais.
Goyard, Loriol.
Granjon, Beaufort-sur-Gervanne.
Helme (Crest), Loriol.
Henry, Valence.
Hugues, St-Restitut.
Jurus fils, Allex.

Lambert (L.), Beaumont-lès-Valence.
Lascours, Crest.
Magnanon, Montélimar.
Magnanon, Savasse.
Marché (E.), Chabeuil.
Marchand père et fils, Livron.
Martin, Bouvante par St-Jean-en-Royans.
Martin, Epavante.
Mathon, à la Deulle par Saint-Paul-Trois-Châteaux.
Monnier, Eurre.
Ollier de Rocher, Livron.
Oriol, Livron.
Pamarel, Lavache.
Paradis, la Touche.
Perlet et Marchessau, Loriol.
Perrier, Saulce.
Peyron et Ce, Montélimar.
Rochas, la Bâtie-Rolland.
Rochas, Montélimar.
Rodet (A.), Saulce.
Roussille, Saulce.
Roussin, St-Restitut.
Sayn, aux Robins, près Etoile.
Soubeyran frères, Montélimar.
Sisteron, Pierrelatte.
Suel père, Tain.
Tallard, Montmeyran.
Teste, Montboucher.
Urdy, Cléon d'Audran.
Vacher, Alixan.
Vacher fils, Pierrelatte.
Veyranne, Beaumont-lès-Valence.
Vernet (E.), Montélimar.
Vernet jeune, Montélimar.
Viard, la Roche-de-Glun.
Viel, Puygiron.
Vincent, Donzère.

*Moulinier*s.

André (C.), Eurre.
André (Ch.), Saou par Puy-Saint-Martin.
Arlès-Dufour (Lyon), Clérieux.
Armandy (D.) et fils, Taulignan.
Armandy, Grignan.
Aubert, Grignan.
Avont, Reys-de-Saulce.
Bérenger, Chamaret.
Bernard veuve, Mirmande.
Berthaud, Allais.
Bertrand, Nyons.
Besson fils, Marsanne.
Blanc (J.), Saillans.
Bonnefoy (G.), Dieulefit.
Bouillet et Ce (Lyon), Mirmande.
Bouvier (Marius), Die et Saillans. Ouvraisons diverses, tours comptés, organsins et trames. Médaille d'argent, Lyon 1872. Diplôme de mérite, Vienne 1873.
Breysse (L.), Beaumont-lès-Valence
Bruyère, au Pègue près Taulignan.
Buis, Mirabel, les Baronnies.
Cataly, Mirabel.
Cayranne (P.) et fils, Taulignan.
Champestève frères, Montélimar.
Charbonnier et Champion, Romans.
Charreyre, Romans.
Chastan aîné, Dieulefit.
Conte, Savasse.
Craponne, Soulage fermier, Bourdeaux.
Culty frères, la Laupie.
Culty (S.), la Laupie.
Culty (U.), Sauzet.
Daithe (M.), Taulignan.
Daubois, Poët-Laval.
Daunay, St-Jean-de-Murcils.
Delière (Ph.), Loriol.
De Micheaux (G,), Eygaliers.
Duseigneur (E.), Dieulefit.
Estrand, Mirabel et Blacons.
Eymieu, Sisteron.
Faujas, Taulignan.
Gleyze et Violet, Espeluche.
Giujon, Tulette.
Gras (A.), Rousset.
Grégoire (veuve), Valence.
Guillon (P.), Bourdeaux.
Helly, Colonzelles.
Helme, Crest.
Issartel, les Faucons, près Chabreuil.
Julien fils jeune, Rochegude.
Lacoste (de) et Noyer, Montélimar.
Lagier, Châteauneuf-de-Mazenc.
Laurent, St-Nazaire-en-Royans.

Lavis aîné, Saulce.
Lemoine, Mirabel-les Baronnies.
Loyral (A.), Châteauneuf-de-Mazenc.
Lombard, la Garde-d'Adhémar.
Loubarie, Loriol.
Magnan, la Roche-St-Secret.
Malleval, Valence.
Marfour, Clérieux.
Martin, Lachamp.
Monestier et Ce, Tulette.
Noyer (Ch.), Dieulefit.
Noyer (H.), Dieulefit.
Perrier, Charmes.
Perrier, St-Restitut.
Prieur, la Garde-d'Adhémar.
Prudant (C.), Dieulefit.
Rey (E.), Beaufort-sur-Gervanne.
Rey, Crest.
Reynaud succ. de Pignet. Dieulefit.
Richard, Taulignan.
Riffard frères, Tulette.
Rochegude (J.), Poët-Laval.
Rochegude, Taulignan.
Romanigalle, Piégros.
Rouvière, Manas.
Rouveyre, Sauzet.
Roux, Tulette.
Sambuc (A.), Dieulefit,
Sapin (H.), Mirmande.
Serenc-Barral, Crest.
Soulage, Bourdeaux.
Servant, Dieulefit.
Soubeyran (A.), Dieulefit.
Testavin (B.). Mirmande.
Teyssère, le Grand-Serre.
Tournillon, Châteauneuf-de-Mazenc
Vasseur (L.), Lachamp.
Villedieu fils et cousins, Montélimar
Veyren frères, Mirabel.
Vincent fils, Mirmande.

DIVERS.

Commissionnaires.

Achard père et fils, Die.
Allignol, déchets, Montélimar.
Archinard, cocons, Die.
Arlès-Dufour, déchets, Valence.
Aubert, soies et déchets, Crest.
Barral, père et fils, cocons, Die.
Barre, déchets, Allex.
Barthélemy, soies, Montélimar.
Borelly, Leynaud et Pansier, soies, Montélimar.
Bourrasseau, Montélimar.
Brun, soies, St-Paul-Trois-Châteaux.
Brochier, déchets, le Luc.
Chenivesse, Montélimar.
Champestève (H.), soies, Montélimar.
Chaverot, déchets, Montélimar.
Chaze, soies, Montélimar.
Daoust, déchets, Die.
Defaysse-Soubeyran, banque et soie, Dieulefit.
Duget, déchets, Die.
Dumazy, soies, Romans.
Faure (F.), soies, Crest.
Franquebalme et fils, déchets, Valence.
Gaillard fils, déchets, Romans.
Gaillard (A.). soies, Romans.
Genoux, déchets, Romans.
Guilhem, déchets, Valence.
Hilaire, déchets, Aoust.
Hiltebrand (J.), soies et déchets Romans.
Jouve, déchets, la Mothe.
Jassoud (H.), déchets, Romans.
Javelas. Montélimar.
Joubert, cocons, Die.
Mantes (J.), soies, Romans.
Michel, déchets, Montélimar.
Morel, déchets, St-Julien-en-Quint.
Morin, déchets, Luc.
Nouzaret, soies, Montélimar.
Oddon (A.), déchets, Die.
Raspail, déchets, Montélimar.
Reynaud (veuve), soies et déchets. Pierrelatte.
Rochas, déchets, Die.
Sibeud frères, soies, Romans.
Sauvan, soies, Montélimar.
Sibourg, Montélimar.
Tavan aîné, soies, Montélimar.
Tavan cadet, soies, Montélimar.
Tavan jeune, soies et déchets, Montélimar.
Vachon (B.), soies, Montélimar.

Villedieu, soies, Montélimar.

Fabricants.

Beaubaton, velours, St-Nazaire-en-Royans.
Bernard, étoffes de soies, Bourg-du-Péage.
Carrier, Aouste.
Delon frères, tissage mécanique, St-Jean-en-Royans.
Jadin et Ce, velours, St-Nazaire-en-Royans.
Josserand, Févrot et Ce, étoffes de soie, St-Vallier.
Merle, foulards, Sillans.
Romanet-Constant, velours, St-Nazaire-en-Royans.
Roche, Saillans.
Verdun, taffetas et satin, Bourg-du-Péage.
Villard et Bocoup fils, étoffes de soie, St-Vallier.

Importateurs et négociants en graines.

Achard père et fils, Die.
Belingardy, Valence.
Boisset, Ancône.
Chartron père et fils, importateurs, St-Vallier.
Chabert (A.), importateur, Saint-Donat.
Courtial (P.) et Lafayolle-Giraud, Valence.
Cully, Sauzet.
Combel, Die.
Chichiliane, Die.
Droint-Echevin, Crest.
Feugier père et fils, négociants, St-Donat.
Gilldin, Die.
Joland, Valence.
Joubert, Die.
Maron (C. et Ce), le Grand-Serre. Importateurs du Japon. Maison dirigée par M. J.-H. Maron, établi à Yokohama depuis 10 ans, commerce d'objets de luxe dont la succursale est à Paris, dirigée par M. A. May, r. du Pavillon 4.
Mathon (P.), Valence. Graines de vers à soie indigènes et d'importations. Graines de printemps et d'automne. Spécialité de conservation pour graines d'automne.
Maillet (A.), importateur, Crest.
Maillet aîné et Favot, importateurs, Crest.
Monge (veuve), Die.
Monge, Crest.
Moul jeune, Die.
Oddon (L.), Die.
Parady, la Touche.
Reboul, importateur, St-Gervais.
Toussain-David (veuve), négociant, Valence.
Valette (F.), négociant, St-Vallier.
Valentin-Cheyssière, Crest.

Constructeurs pour la filature et le moulinage.

Barnoin père et fils, Crest.
Clauzel, Die.
Henri, Crest.
Lemaire frères et Dumont, Pont-de-Ste-Uze. (*Voir aux annonces*).
Moulin fils, Die.
Vareilles frères, Crest. Montage de filatures en fer et marbre perfectionnés ; inventeurs brevetés de l'étouffoir pour cocons à air chaud dit étouffoir Vareilles. (*Voir aux annonces*).

GARD

Nîmes

Commissionnaires en soie.

Lombard père et fils (filateurs et mouliniers en Espagne).
Ponge-Fabre.
Roussy et Bernard.
Théron-Anrès et Ce.

Commissionnaires en déchets.

Bergeret-Larnac.
Coulorgues (A.).
Jacob (A.).
Lombard père et fils.
Martin (A. et A.) frères.
Martin et fils.
Mazier.
Ponge-Fabre.

Filateurs.

Japavaire père et fils.

Filateurs de déchets.

Martin (A. et A.) frères.

Mouliniers.

Pize.

Fabricants de soie à coudre.

Cadel (S.) fils aîné.
Cadel (P.) et Ce.
Garnier et Lombard.
Monnier-Lichaire.
Roussy et Bernard.

Fabricants d'étoffes de soie.

Bertrand-Boulla, ameublement.
Chardon père et fils, foulards.
Daumaizon (veuve), ameublement.
Rouvier (P.) et Ce, art. du Levant.
Roux et Ce, cravates et soieries.
Rouvier et Castelnau, ameublement.
Sagnier-Teulon, article du Levant.

Fabricants de bonneterie et ganterie de soie.

Cabanis.
Coutellier frères.
Froment.
Germain fils.
Lautier.
Platon aîné et Ce.
Valès et Gas.

Fabricants de lacets.

Guérin (S.).
Guérin neveu et Laget.
Pallier (P.).

Filateurs et mouliniers.

Aubrespy, Silhol et Chabert, Saint-Ambroix.
Arlès-Dufour, Beaucaire.
Barrois (veuve G.), Gardies et Ce, Alais.
Basson, St Ambroix.
Bastide, St-Ambroix.
Boudon (Louis), St-Jean-du-Gard.
Usines à Saint-Jean-du-Gard, à Saint-André-de-Valborgne, à Belair et Uzès.
Titres spéciaux pour les beaux emplois et pour tulles, blondes, grands blancs.
Médailles de 1re classe :
1851 Londres.
1855 Paris.
1862 Londres.
1867 Paris.
Médaille d'or, Lyon 1872.
Médaille de progrès, Vienne 1873 et deux Médailles de coopération.
Brouilhet (F.) et H. Beaumier, Le Vigan Médaille de 1re classe aux expositions de Paris, Londres et Vienne.
Broche-Malmazet, Bagnols.

Carrière, Peyregrosse.
Chabert (G.), St-Ambroix et St-Victor
Chambon (veuve L^{s}), St-Paul-la-Coste.
Chambon (E.), Alais.
Cayzergue, Notre-Dame-de-la-Rouvière.
Cuchet père, fils et Ce, St-Ambroix.
Fabre, Lirac.
Flaissière et Barral, St-Laurent-le-Minier.
Galimard père et fils, Barjac.
Gat, Roquemaure et Tavel.
Granier (E.), Générargues.
Guiraud-Robert, St-Ambroix.
Guiraud (G.), St-Ambroix.
Guiraud (L.), St-Ambroix.
Lacombe-Dumazer, Bagnols.
Manifacier, St-Ambroix.
Martinon fils, Codolet.
Monestier, Lirac.
Pommier, St-Florent.
Silhol (A,), St-Ambroix.
Silhol (H.), St-Ambroix.
Soubeyran (veuve L.), St-Jean-du-Gard.
Teissier du Cros (Ernest), 13 récompenses aux Expositions nationales et universelles. — Spécialité de soies pour tulles, dentelles et blondes.
Thomas-Favier, Uzès.
Thomas (F.), au Pont-des-Charrettes, près Uzès. Filature et ouvraison en organsins, trames à tours comptés et ordinaire, titres spéciaux pour les beaux emplois. Importation directe depuis 1863 des graines de vers à soie du Japon.
Vincent (E.), Uzès.

Filateurs.

Abrial, Barjac.
Amat, Boisset et Gaujac.
Antoine frères, Alais.
Arbousset (J.), Alais.
Arnassand (E.), Anduze.
Arnassand (M.), Ribaute.
Astruc père et fils, Avèze.
Atger-Galoffre, Anduze.
Avesque, Valleraugue.
Bayle (usine Faucher), St-Brès.
Baumier et Coularon, Le Vigan et St-Laurent.
Baumier-Gay, Le Vigan et Molières.
Beaumès, Sumène.
Bernard-Corbessas, Anduze.
Berthezène (H.), Alais.
Berthezène-Campredon, Saumane.
Biscuit et Soubeyrand, Anduze.
Blanc, St-Jean-du-Gard.
Blancard et Ce, Alais.
Blancard fils, St-Jean-du-Gard.
Blancher, Alais.
Boissin, Bagnols.
Bonifas, Anduze.
Bonnal fils, St-Jean-du-Gard.
Bonnal, Alais.
Bonnefoy-Sibour, Pont-St-Esprit.
Bonnet, Alais.
Borty, Villeneuve-les-Avignon.
Bouchet, Rivière.
Boudet, Uzès
Boulet fils aîné, Anduze.
Bouniols père et fils, Le Vigan.
Bourguet, St-Jean-du-Gard.
Bourguet (A.), Monoblet.
Brahic, St-Jean-de-Valériscle.
Brun, Allègre.
Cahours et Lafont, Boisset et Gaujac.
Campredon-Fesquet, Générargues.
Caulet (A.), St-Hippolyte.
Celon, Remoulins.
Cézarin fils, Bagnols.
Chabal, Aumessas.
Chabal père et fils, St-Jean-du-Gard.
Chabert (L.), St-Ambroix.
Chabert (G.), usine R. Silhol, Saint-Victor-de-Malcap.
Chabert (veuve), St-Ambroix.
Chabrier, Alais.
Chaffiol, Pompignan.
Chalon, Alais.
Chaptal, Genolhac.
Chastanier, Lussan.
Chrétien (veuve), Alais.
Comte, St-Jean-du-Gard.
Coste et Ce, Avèze.
Coularon, St-Laurent-le-Minier.

Coulomb (J.-L.), Lasalle.
Coulomb et Soubeyrand, Anduze.
Cousin, Anduze et Tornac.
Crès, Lasalle.
Dagnières, St-Hippolyte.
Dassac, Beaucaire.
Daudet, St-Ambroix.
David-Journet, Le Vigan.
Doley, Meyranne.
Ducros père et fils, Notre-Dame-de-la-Rouvière.
Dugua et Cᵉ, St-Hippolyte.
Dumas et Martin, titres spéciaux, Lasalle.
Dupuis, Alais.
Durand, St-André-de-Majencoule.
Dussol, Sumène. Soie gréges, titres spéciaux pour gazes à bluter, tulles et blondes. — Spécialité de grands blancs. — Trois médailles aux expositions.
Fabre-Ravat (veuve), Uzès.
Fajet, Chamborigand.
Falguières (A.), Fontrouche.
Féline, Alais.
Fesquet fils, Anduze.
Figuières père, Lasalle.
Figuières et Fournier, Lasalle.
Flavand, Alais.
Finiel (P.), St-Jean-du-Gard.
Fourcaud et Bondes, le Vigan.
Francezon, Alais.
Gachon (A.), St-Hippolyte.
Galtier aîné, Lasalle.
Garnier fils, Générargues.
Gascuel et Trouilhas, Alais.
Gavanon aîné, St-Hippolyte.
Gavanon (E.), St-Hippolyte.
Génolhac, Anduze.
Gentilini, St-Ambroix.
Georges (veuve), Uzès.
Gervais frères et Cᵉ, Anduze.
Gibelin fils, Lasalle.
Gimbert, Roquemaure.
Giniane, Alais.
Givaudan (veuve), St-Laurent-des-Arbres.
Gral et fils, Alais.
Granier et Largnier, Alais.
Griolet, Barjac.
Guéry fils, Sumène.
Gueidan, St-Ambroix et Montferré.
Joubeau, Meyranne.
Jourdan (veuve), Génolhac.
Lacombe, Alais.
Lafont et Cabanel, Alais.
Lafont et Guiraud, Alais.
Laget, St-Hippolyte.
Lapierre (A.), Valleraugue.
Laporte et Cᵉ, Le Vigan, Avèze et le Mazel.
Laurent, de l'Arbousset, Alais.
Laurent-Albert, St-Christol.
Lauret et Fesquet, Anduze.
Liron, Rousson et Girot, Saumane.
Magnan, St-Jean-de-Valériscle.
Maluistre, Rivière.
Martin, les Mages.
Martin et Cᵉ, Lasalle.
Mathieu, Uzès.
Martin-Pélissier, Uzès.
Martinon, Codolet.
Maurel père et fils, l'Estrechure.
Mauries, Sumène.
Mazaurie, Bayard.
Mazaurin fils, St-Hippolyte. Gréges pour l'intérieur ; spécialité pour l'étranger ; dépôt à Paris, rue de l'Echiquier, 40.
Ménard fils, Bez.
Ménard et Brun, Sumène.
Messac, Alais.
Meyrucis et Galtier, Lasalle.
Michel, Anduze.
Nogaret, St-Jean-du-Gard.
Nougarède, Roquedur.
Nouzeran, St-Laurent-le-Minier.
Novis Gervais, Boisset et Gaujac.
Olivier, Monoblet.
Pauc, Alais.
Pellet, Saint-Jean-du-Gard, Alais, Mialet, Corbes et Anduze.
Perrier (M.), Alais.
Philip, St-Laurent-le-Minier.
Planchon (A.), St-Hippolyte.
Platon, St-Ambroix.
Polge (les héritiers de), les Mages.
Pomaret, Le Vigan.
Poutin (P.), St-Laurent-des-Arbres.
Puech, St-Hippolyte.

Puget, Bagnols.
Ruaz et Ce, St-André-de-Valborgne.
Ricard frères et A. Ricard, le Vigan
Rieu, Barjac.
Rocheblave (E.), Vézenobres.
Roché et Meynadier, Boisset et Gaujac.
Roche, Allègre.
Rome et Faucher, St-Ambroix.
Romieu, St-Ambroix.
Roussel aîné, Anduze.
Roux, St-André-de-Valborgne.
Saillens, Alais.
Saut et Pouten, Laudun.
Séverac, Valleraugue.
Silhol (Adr.), St-Ambroix.
Soubeyrand-Coulomb, Anduze.
Sprecher-Gervais, Anduze.
Teissier, St-Ambroix.
Teulon, Lasalle.
Treilles et Pages, Mars.
Viala et Ce, Lestrechure.
Veirun, Alais.
Vignal, St-Pons-de-la-Calm.
Villaret (F.). Les Mages.
Villaret-Pauc, Anduze.
Villaret-Picheval, Anduze.
Volpelière, Saint-Jean-du-Gard et Corbes.

Mouliniers.

Brouilhet et Beaumier, Vézenobres.
Giraud, Bagnols.

Commissionnaires en déchets et soies.

Alléou-Domergue, déchets, Alais.
Arlès-Dufour, déchets, Beaucaire.
Aubrespy Silhol, soies, St-Ambroix.
Azema père et fils (de Ganges), déchets, Anduze.
Baumier-Dufoix, déchets, Anduze.
Blancard père et fils, soies et déchets, St-Jean-du-Gard.
Boudon (L.), soies, St-Jean-du-Gard.
Broche-Malmazet, soies et déchets, Bagnols.
Brouilhet et Beaumier, soies et déchets, le Vigan.
Charrier, Bagnols.
Dassac, déchets, frisons, Anduze.
Domergue (J.-B.), déchets, Saint-Ambroix.
Domergue (M.), déchets, St-Ambroix
Fabre, Uzès.
Fabrègue, déchets, St-Ambroix.
Gervais frères et Ce, soies, Anduze.
Lapierre cadet, Bagnols.
Martin (L.) et Ce, soies, Lasalle et Anduze.
Mouret, déchets, St-Ambroix.
Planche, Uzès.
Rouquette, Alais.
Saléry et fils, Sumène.
Teissonnière et Ce, déchets, Alais.

Filateurs de douppions.

Aymard, Bagnols.
Bagnol fils, Bagnols.
Broche-Malmazet, Bagnols.
Boissin, Bagnols.
Cézarin fils, Bagnols.
Fraissinet et Beau, Alais.
Martin et fils (A.), Pont l'Hérault.
Mayet, Bagnols.
Merle père et fils, Bagnols.
Puget, Bagnols.

Fabricant d'étoffes de soie.

Jourdan-Verchère, Villeneuve-lès-Avignon.

Courtiers en soies et déchets.

Brahim, Bagnols.
Charrier (L.), Bagnols.
Charavel, Bagnols.
Coulomb-Laporte, Anduze.
Crottat, Bagnols.
Fabre-Ravat, Uzès.
Grant, Pont-St-Esprit.
Guèze, Uzès.
Imbert frères, Pont-St-Esprit.
Lapierre cadet, Bagnols.
Lapoule, Lasalle.
Mancis frères, Pont-St-Esprit
Miollonne, Bagnols.
Pille, Uzès.
Soubeyrand-Coulon, Anduze.
Taulet (E.), Anduze.
Teissier-Coulomb, Anduze.

Therond, St-Jean-du-Gard.
Tony, Uzès.

Cardage de déchets de soie.

Annat et Lahousse, Coularon.
Annat (B.), Arènes.
Blondeau et Lahousse, Coularon.
Bonnet et Cᵉ, Breau.
Broche-Malmazet, Bagnols. *Cardage par un nouveau système breveté (matière mouillée au-dessus de 70 °/ₒ).*
Brouilhet (H.) père et fils, Aulas.
Capion et Rolland, le Suquet.
Chancel, Veillon, Alioth et Cᵉ, St-Euseby, Bâle, Lyon, Tenay, Briançon et Milan.
Damesme et Cᵉ (A.), Cavaillac.
Laporte (G.), la Croix.
Mastre (Ad.), le Sigal.
Ribard et Weber, Cavaillac.
Sprecher-Gervais, Générargues.

Négociants ou importeurs de graines.

Arnassant, Ribaute.
Beaux (F.), Sumène.
Beaume, Goudargue.
Bertrand, St-Victor-la-Coste.
Bergeon, Codolet.
Berthezène (F.), le Vigan.
Berthezène et Campredon, Saumane
Brunel, Tresques.
Bonnet (A.), Alais.
Borne, Uzès.
Broche Malmazet, Bagnols.
Broche (E.), Bagnols.
Bougnol, Mazaurie et Ortel, St-André-de-Valborgnes.
Camplan, Sumène.
Camp, Verfeuil.
Caulet, importeur, St-Hippolyte.
Chabal, Aumessas.
Chabert, et Romieu, St-Ambroix.
Chanel, Goudargues.
Chevalier, Codolet.
Cluchier, Gaujac.
Commeiras, Bréan.
Coudert, St-Ambroix.
Coste, St-Marcel-de-Carreyret.
Cranvas (veuve), le Vigan.
Crespin, St-Michel-de-Carreyret.
Crottat, Bagnols.
Darbous, Lascours-de-Cruvières.
Dardaillon fils, Valleraugue.
Devèze, Pont-St-Esprit.
Duport, Valleraugue.
Dussol, Cavillargue.
Fabre, Connaux.
Gervais frères, Anduze.
Glas, St-André-de-Majencoules.
Gourdin (A.), St-Hippolyte.
Guisquet et Vidal, St-Ambroix.
Hamelin, St-Victor-la-Coste.
Jacob, Goudargues.
Jourdan frères, Alais.
Journel, Sumène.
Lacroix et Lortal, Anduze.
Laget, Alais.
Lapierre cadet, Bagnols.
Laurent, St-Michel-de-Carreyret.
Laurent, Cavillargues.
Laval et Cᵉ (N.), Alais.
Lavit (A. de), Alais.
Liron, Rousson et Girot, Saumane.
Malzac, Valleraugue.
Malzieux frères, Rochebelle.
Mandin, Connaux.
Martin (J.), St-Victor-la-Coste.
Martin (P.), Anduze.
Maurin, Anduze.
Maurel père et fils, à l'Estrechure.
Mazot, Uzès.
Mazel fils, le Vigan.
Ménard et Brun. Sumène.
Minard, Bez.
Nadal, Bagnols.
Novis, Anduze.
Pagès, Connaux.
Palisse, le Pin.
Pestel, Anduze.
Peyret, Laudun.
Pintard, St-Michel-de-Carreyret.
Privat, Pont-St-Esprit.
Ribard, Bréan.
Ribard (Ch.), Valleraugue.
Ribard (L.), Valleraugue.
Rafin, Goudargues.
Rousssel, Goudargues.
Rousset, St-Ambroix.

Sanguinède, Navrassac.
Saut, Laudun.
Sylvestre, Cavillargues.
Tacussel, Laudun.
Thomas-Favier, Uzès.
Thourel, Uzès.
Trélis (M.), St-Ambroix.
Vallier, le Pin.
Vénérand, Valleraugue.
Vernet et Benezey, St-Ambroix.
Vialès, Connaux.
Vignal, St-André-d'Olérargues.

Fabricants d'ustensiles pour la filature.

Arnassand (E.), Anduze.
Beillan, St-Ambroix.
Ciampanty, Anduze.
Eldin, St-Ambroix.
Gascuel, St-Ambroix.
Guérin, Alais.
Isidore, St-Ambroix.
Itard, Alais.
Marignan, Nîmes.
Marron, Alais.
Michel et Cᵉ, Nîmes.
Peyri, St-Ambroix.
Pontet, St-Ambroix.
Roussillon (Charles), Anduze.
Villaret-Pauc, Anduze.
Veillon frères, Alais.

GIRONDE

Soies teintes et écrues.

Thomassin (H.), Bordeaux, r. de la Merci, 7.

HÉRAULT

Commissionnaires en soie et déchets

Azema père et fils, Ganges.
Pairache fils, Ganges.
Représentants (les) de MM. L. Martin et Cᵉ, de Lasalle. — Gervais frères, d'Anduze. — L. Boudon, de Saint-Jean-du-Gard. — Chancel, Viellon et Alioth, de Grellingen.

Filateurs et mouliniers.

Barral (C. et E.), Ganges.
Carrière, Ganges.
Delarbre fils, Ganges.
Ricard père et fils, Ganges.
Tourreille frères, Ganges.
Valmale et Cᵉ, Ganges.
Vidal (E.), Ganges.

Filateurs.

Bertrand père et fils, St-Beauzille-en-Putois.
Bourgade et Domergue, St-Beauzille-en-Putois.
Cabannes-Meyrueis, Ganges.
Carrel, le Pouzol.
Cavallié (J.), Le Pouzol, près Bédarieux.
Cazet, La Roque près Ganges.
Douysset frères, Saint-André-de-Sangonis.

Galtier aîné, Ganges.
Galtier (H.), Ganges.
Lauret (A.) et Volle, Ganges.
Milhau père et fils, Le Pouzol près Bédarieux.
Noualhac aîné, Ganges.
Noualhac (E.), Ganges.
Noualhac (G.), Ganges.
Pairache fils, Ganges.
Puech, St-André-de-Sangonis.
Vallat fils, Ganges.

Mouliniers.

Merger, Ganges.

Importateurs de graines.

Causse, Ganges.
Cazet, Ganges.
Goumelle, Ganges.
Nourrigat (Emile), Lunel. Membre et 40 fois lauréat d'un grand nombre de Sociétés agricoles. Auteur du *Tableau synoptique* (8e édition) et de nombreux traités de sériculture ; introducteur et propagateur du *Morus Japonica* en Europe ; culture spéciale de mûriers ; graines de vers à soie ; vaste serre pour les essais précoces.
Valmale, Ganges.

Fabricants de bonneterie de soie.

Bretonville, Ganges.
Brungière et Ce, Ganges.
Brunet, Ganges.
Lauret frères, Ganges.
Ouvriers réunis, Ganges

Mécaniciens pour la filature et le moulinage.

Courmit (C.), Ganges.
Paulin, Ganges.
Séruselat, Ganges.

ISÈRE

Filateurs et mouliniers.

Anthoard, Noyarey.
Auger (veuve) et Ce, Bourgoin.
Cuchet et Crozel, Chatte.
Dufêtre père et fils, la Sône.
Dumollard, Domène.
Dupin (F.-A.), commissionnaire en soie, déchets et graines. Médailles à Lyon et à Vienne, la Tronche, près Grenoble.
Durand frères, Vizille.
Fédides (F.-A.), Bourgoin.
Giraud, les Eparres.
Joly (veuve), St-Etienne.
Marion, Chatte.
Mauvernay, la Sône.
Mazade et Marion, Chatte.
Pinet (veuve) le Tech.
Rabatel, Corbelin.
Vignal, St-Antoine.

Filateurs.

Achard, la Sône.
Allemand, Anjou.
Boisard, rue de Lyon, Vienne. Filerait à façon ou louerait sa filature qui est à proximité de Lyon et voisine de la gare d'Estressin.
Bouvier, Chimilin.
Breynat, Vinay.
Buissard (E.), le Touret.
Darnat et Bron, St-Romans.
David, le Verseau, près Domène.
Dorly, Vinay.
Dupuis, Anjou.
Genon, Chatte.
Gilibert fils, Salaise.

Jeunhomme, St-Chef.
Julien, St-Chef.
Marchand aîné, les Roches-de-Condrieu.
Michel frères, Corbelin.
Minchoud, Veyrin.
Moyet, l'Albenc.
Paysan, Vinay.
Perrin, entrepôt de cocons Tussah, à la disposition des filateurs, Beaurepaire.
Planel, le Verseau.
Richard (E.), Salaise.
Rivet, Morestel.
Royannet, Domène.
Savoyart, Ste-Blandine.
Tabardel, Arcisse.
Terrat, Voiron.

Mouliniers.

Allyre-Boubon, Chatte.
Bataille (successeur de F. Suffet), Beaurepaire.
Barral, Beaurepaire.
Bellemin. la Folatière.
Bonnet. Izeron.
Borel père et fils, St-Antoine.
Boyer, St-Symphorien-d'Ozon.
Combier frères, Auberives.
Couturier, Auberives.
Couilloud, Ste-Blandine.
Crépet, Fures.
Cuchet, Chatte.
Dupoux, St-Symphorien-d'Ozon.
Fayol, Laval.
Fortoul, les Abrets.
Girard, Roussillon.
Giraud et Ce, Château-Vilain.
Giraudet, Chatte.
Girodon (A.) et Ce, St-Siméon-de-Bressieu.
Hector frères et sœurs. St-Romans.
Hector-Joly, St-Geoire.
James, Chatte.
Jandin et Duval, Vizille.
Jaubert et Audras, Vizille.
Ladret, Chopaise.
Loriol, la Combe des Eparres.
Londe, Vizille.
Lambert, Vizille.
Moyrand et Marathon, Vinay.
Riboud (veuve), à la Combe des Eparres.
Thévenet, Crolles.
Valentin, St-Just-de-Claix.

Tissage d'étoffes de soie.

Andréan et Revoux, Chimilin.
Anselme (Guinet, Sévène et Barral), la Tour-du-Pin.
Auger et Ce, Boussieux.
Araud frères, Pont-de-Beauvoisin.
Baratin aîné, Fures, près Tullins.
Bizolon (Adam et Ce), Corbelin.
Boissieu (de) et Cochaud, Corbelin.
Bouteille, la Bâtie-Montgascon.
Bouvard (Bardon et Ritton), Eclose.
Boyrivent, la Bâtie-Mont-Gascon.
Bret et Douron, Voiron.
Brochet (Doux et autres), Nicolas.
Brosset-Heckel, le Péage-de-Roussillon.
Brun (de Lyon), Cessieu.
Chapuis (Duringe-Champagne), la Tour-du-Pin.
Chalon, Beaurepaire.
Chanay (de), St-Nicolas de Marcherein.
Clavel, Pont-de-Beauvoisin.
Couturier frères, Bévenais.
Debac (les héritiers de S.), Lagrive.
Delmas et Chapuis, Vizille.
Desvignes, (Gourd, Croizat fils et Dubost), la Tour-du-Pin.
Dufêtre père et fils, la Sône.
Durand frères, Vizille.
Emery, Chatonay.
Fortoul, les Abrets.
Garnier, Pont-de-Beauvoisin.
Genin et Martin, Moirans.
Giraud, les Abrets.
Giraud (Al.), la Combe des Eparres
Giraud et Ce, Château-Vilain.
Guiroud, Corbelins.
Guinet (A.) et Ce, Vizille.
Girodon et Ce, Renage.
Guinet (J.) et Ce, Vizille.
Jamet, les Abrets.
Jandun et Durelle, Vizille.

Jaubert et Audras, Vizille.
Jourdan, Delomieu.
Lacombe, Voiron.
Lambert, Vizille.
Landru, Chabons.
Londe, Vizille.
Michal-Ladichère frères, St-Geoire.
Michel frères, Corbelins.
Monnet et Guichon, Chimilin.
Monin et Ce, la Tour-du-Pin.
Nierd, Corbelin.
Perregaux et Didriet, Jalieu.
Perrier (H.), Vinay.
Pochoy (V.), St-Jean-de-Moyrans.
Poncet, Voiron.
Ponson et Ce, Corbelins.
Rabatel, Corbelins.
Tabard, Crémieu.
Trouilland, St-Antoine.
Vuitel et Bargillat, Audibert.
Vulpillat, Renage.

Fabrique de rubans.

Barlet et Ce, Fures, près Tullins.
Desgrand, St-Jean-de-Bournay.
Malescourt, St-Jean-de-Bournay.
Seigle-Neyret, St-Jean-de-Bournay.

Fabrique de cordonnets de soie.

Busco, St-Geoire.
Veyre cadet, St-Bueil.

Négociants en déchets de soie.

Meffre, Grenoble.
Perriolat, Grenoble.

Impressions sur étoffes de soie.

Brunet-Lecomte, Jallieu.
Trapadoux frères et Ce, Jallieu.

Marchands de graines de vers à soie.

Belle, St-Marcellin.
Caillat, Grenoble.
Charvet, la Tour-du-Pin.
Fédides (J.-A.), Bourgoin.
Gouy (A.), au Péage-de-Roussillon.
Lamberton, Grenoble.
Nicollet, Grenoble.
Perrin, à Valaunc.
Roche et Martin, Pressins.
Taurignat, Grenoble.

Fabricants d'ustensiles pour la filature.

Jacquemet, Voiron.
Jouffray, Vienne.

INDRE-ET-LOIRE

Tours

Fabr. d'étoffes de soie.

Croué et fils, r. du Rempart.
Fey et Martin, q. St-Symphorien, 25.
Pillet-Meauzé et fils, r. St-Etienne.
Roze et Ce, r. de la Brèche.

Fabr. de passementerie.

Charlot (veuve), r. des Cerisiers.
Demeure, r. de la Galère.
Lecat et Ce, r. St-Etienne.
Lemoine et Crémière, r. des Amandiers.

Fabr. de soie à coudre.

Durand (A.), r. Blanche.
Glassier, r. du Boucassin.

LOIRE

St-Etienne

Condition des Soies.

Directeur, L. Blachon.

Courtiers pour la soie.

Courally, pl. St-Charles, 5, et place de l'Hôtel-de-Ville, 8.
Crozet, r. de la Loire, 1.
Dubreuil, r. Gérentet, 16.
Gerin, r. Mi-Carême, 6.
Payre (A.), r. des Jardins, 4.
Payre, pl. de l'Hôtel de-Ville, 8.
Rispal, r. d'Annonay.
Syméon, r. de la Loire, 51.
Tézenas, r. des Jardins. 20.

Commissionnaires et marchds de soie.

Arlès-Dufour et Ce, pl. Marengo, 9.
Armandy frères, r. de la Bourse, 23
Balay frères et Ce, r. des Jardins, 13.
Blancher (E.), r. des Jardins, 6.
Bréchignac (P.), r. de Foy, 3.
Bronac (J. de) et Parret, r. de la Bourse, 16.
Chavallard (Ant) jeune, r. de la Bourse, 9.
Chavallard fils et Delobre, r. de la Loire, 14.
Desgrand (L.) et Ce, r. de la Paix, 14
Desplagnes (J. et E.) frères, pl. Marengo, 13.
Drevet, pl. Mi-Carême, 9.
Duplay-Balay, r. de Bourse, 30.
Durand-Badel, r. de la Bourse, 21.
Faure, r. de la Bourse, 18.
Fraisse (Matthieu), soies gréges et ouvrées, vente et achat à la commission, pl. St-Charles.
Fustier aîné, r. des Jardins, 11.
Guérin(ve) fils et Ce, pl. de l'Hôtel-de-Ville, 8.
Guichard, r de la Bourse, 5 et r. de Paris, 15.
Jamen frères, r. de la Bourse, 42.
Maras, r. de la Bourse, 1 et pl. Marengo, 5.
May et Ce, r. de la Bourse, 22.
Merle et Rispal, r. de Foy, 17.
Michel (J.), r. de la Bourse, 34.
Michel et Gay, r. de la Bourse, 26.
Poméon et Ce, r. de la Paix, 2.
Rambaud-Thoral et Sestier, r. de la Bourse, 5.
Sabot et Gommy, r. de la Paix 5, et de la Bourse, 3.
Tamet (Michel) et Ce, pl. de l'Hôtel-de-Ville, 10.
Tardy, pl. Mi-Carême.
Tardy et Ce, r. Mi-Carême, 8.
Teyter, r. Marengo, 23.
Thibaudet et Pascalis, r. de la Bourse, 14.
Vignet, r. de la Bourse, 9.
Vimor, r. Ste Catherine, 14.

Fabricants de rubans.

Arnaud et Reymondon, pl. St-Charles, 14.
Astic et Bel, r. de la Croix. 9.
Augier (Ad.), r. de Roanne, 3.
Avril et fils, r. des Jardins, 28.
Bachelard (P.), r. de la Loire, 1.
Balay (C. et G.), r. Gérentet, 2 et r. de la Croix, 1.
Barbier et Deville, r. Balay, 14.
Barlet (E.) et Ce, pl. de l'Hôtel-de-Ville, 12.
Barlet (P.), pl de l'Hôtel-de-Ville, 12
Barlet (J.), Conchon et Ce, r. de la République, 9.
Barailler et Chaize, velours, r. de la Croix, 4.
Barailler-Sablière, r. de la République, 25.
Barallon et J. Brossard, r. de la République, 3.
Barrière, r, Traversière, 8.
Bastide et Porte, r. de la Bourse, 11.

Baudron, et A. Dubost, r. de Roanne, 12.
Beaufils-Forest, r. République, 1.
Beaulieu fils, r. St-Jean, 3.
Belingard, r. St-Louis, 19.
Bernard et Carré, r. des Gris, 1.
Berne (L. et J.), pl. de l'Hôtel-de-Ville, 7.
Berthon-Perrichon (successeurs de Grange), r. de la Bourse, 3.
Besson (C.), r. de la République, 14.
Besson (R. et L.) frères, r. de la République, 12.
Bichet (F.), r. St-Louis, 17.
Bodoy (A.) et Buhet, r. de la Croix, 1
Boudarel (J.-B.), r. Traversière, 6.
Boudarel (J.M.) et Boudarel (P.), r. de la Croix, 4.
Boudarel (J.) et Chavanon, 3, pl. de l'Hôtel-de-Ville.
Boulin, r. du Grand-Moulin, 4.
Bourgaud (F.), r. de Foy, 8.
Bresson (B.) et Clavier, place de l'Hôtel-de-Ville, 15
Bret (E.), r. de la République, 13.
Breuil et Triozon, r. de Paris, 7.
Brossier (J.) place de l'Hôtel-de-Ville, 13.
Brun (C.), r. Marengo, 6.
Brunon (A.), pl. St-Charles, 14.
Calemard, r. de la Bourse, 22.
Chaleyer fils, r. St-Louis, 21.
Champagnac, r. du Treuil, 14.
Camussy et Gabillot, pl. de l'Hôtel-de-Ville, 5.
Chapon, r. Gérentet, 12.
Chapuis fils aîné, r. du Treuil, 8.
Chapuis-Avril, r. de l'Isle, 20 et 22.
Chomier-Chavanne et Beraud, pl. Marengo, 5.
Choreing (A.) r. de la Bourse, 30.
Coadon (veuve) et fils, r. de la Comédie, 5.
Cognard et Frécon, place St-Charles, 9.
Colcombet (F.) et Ce, r. de la République. 5.
Colombant (A. veuve), r. de la Paix, 39
Coste (F.) et Durieux, rue Villedieu, 9.
Couland et Balouzet, r. de Foy, 12.
Couzon (P.) et Degraix, r. de la Croix, 1.
Crépet (J.), r. Praire, 21.
Dauphin (A.), r. de Paris, 1.
David (A.), pl. Mi-Carême, 7.
David (J.-B.), r. de la Bourse, 16.
David frères, r. des Jardins, 13.
Degattier et Giry, rue des Deux-Amis, 2.
Delcros-Héraud, s. St-Charles, 41.
Denis (Ant.), pl. Marengo, 2.
Deros et Descousu, r. Gérentet.
Deroy et Teissier, r. de la Croix, 3.
Descours (A.), pl. de l'Hôtel-de-Ville, 15.
Desjoyeaux (N.), r. de Foy, 6.
Dugnat et Gauthier, pl. Marengo, 13
Dumarest (E.), r. de Foy, 2.
Dupuy, r. de la République, 14.
Durand et Martin, r. de la Bourse, 32.
Egalon (J.), r. de la Loire, 4.
Epitalon frères, gr. r. Mi-Carême, 5
Faure (J.), r. Brossard, 7.
Faure (P.) et Chavane, r. Ste-Catherine, 6.
Faverjon et Vende, r. de la République, 9.
Favier, pl. St-Charles, 9.
Favre (E.), pl. de l'Hôtel-de-Ville 3
Fleury fils, r. de la République, 8.
Fontaney (D.), r. du Treuil, 46.
Fontvieille et Girinon, rue de la Bourse, 29.
Forest (J.) et Ce, r. Mi-Carême, 7. Maison Balay, rubans, taffetas, faille, moire, satiné, spécialité de grèges.
Foujols et Ce, r. Froide, 14.
Fourneyron et Ce, pl. Marengo, 8.
Fraisse (Em.), pl. Mi-Carême, 9.
Fraisse-Brossard fils jeunes, r. de la Paix, 6.
Fraisse-Fraisse (A.) et Ce, pl. St-Charles, 14.
Fraisse-Gerest, pl. Mi-Carême, 7.
Fraisse-Jacquet frères, place Marengo, 15.
Fraisse-Merley, pl. Marengo, 5.
Frécon (Et.), pl. St-Charles, 9.

Gattel et Ramet, r. de la République, 8.
Gauthier-Peyron, r. de Paris, 1.
Gélas, r. Lodi, 11.
Georjon et Françon, r. Balay, 9.
Gérard (E.), r. Brossard, 6.
Gérentet et Coignet, pl. Marengo, 5.
Gerin et Defour, gr. r. Mi-Carême, 6
Girard, Ogier et Ce, pl. de l'Hôtel-de-Ville, 15.
Giron frères, r. de la Richelandière, 4
Giry, r. St-Charles, 29.
Gobert, r. de la République, 1.
Grenetier (A.), r. de la Paix, 34.
Guérin (veuve Marcellin), place de l'Hôtel-de-Ville, 3.
Guillaume et Staron, place Mi-Carême, 1.
Guitton-Nicolas, pl. Marengo, 7.
Henry, pl. St-Charles, 9.
Hérard, r. de la Bourse, 10.
Hervier, r. de Roanne, 3.
Jacod (Denis), r. de l'Ile, 10.
Jacod (Maurice), r. de la République, 8.
Jaray et Frécon, pl. St-Charles, 11.
Joubert jeune, Durand et Faverjeon, r. des Jardin, 4.
Joucerand fils aîné, r. de Paris, 1 et r. de la Paix, 2.
Jourlin, p. r. des Gauds, 12.
Kibourg (D.), r. de l'Isle, 15.
Lacour et Ce, pl. de l'Hôtel-de-Ville, 10.
Lacroix et Ce, r. de la Paix, 14 et r. Forissier, 1.
Lafond (A.), pl. de l'Hôtel-de-Ville, 3.
Lafond, r. de la Bourse, 24.
Larcher (A.), r. de Roanne, 1.
Liotard, Bernard et Ce, place Marengo, 9.
Malescourt, pl. de l'Hôtel-de-Ville, 5.
Marcelin (C.), r. de la Banque, 9.
Marchand, r. de Paris, 1.
Marcon et C. Rosier, r. du Treuil, 14.
Martinet, pl. St-Charles, 9.
Morel (J.-A.), r. du Treuil, 8.
Odin (F.), r. Balay, 14.
Palle et Foujols, r. de la Croix, 3.
Palle et Gobert, pl. du Peuple, 26.
Paradis et Simon (successeurs de Chapelon et Offray), 26, r. de la Bourse.
Penel, Lacour et Dufour, pl. de l'Hôtel-de-Ville, 9.
Perrichon-Paradis, r. de Roanne, 3.
Peuvergne (Albert), pl. Marengo, 2.
Peuvergne frères, r. Balay, 14.
Peyret-Lacombe, pl. St-Charles, 9.
Peyret, Bastide et Bouchetal, r. Brossard, 9.
Philip, r. de la Bourse, 13.
Pinatelle et Brossy, r. des Jardins, 13
Portafaix et Faure, r. St-Charles, 20.
Portallier (A.), r. de Roanne, 3.
Preynat et Rosier, pl. de l'Hôtel-de-Ville, 15.
Pupil, r. des Jardins, 14.
Revaud, Gabriel et Plantier, pl. de l'Hôtel-de-Ville, 1.
Revel (veuve) et Ce, r. Gerentet, 6.
Revol, r. de Roanne, 26.
Rey (C.), pl. Mi-Carême, 3.
Richarme (J.), r. de la Loire, 22.
Rivolier, pl. de l'Hôtel-de-Ville, 6.
Robert, r. Gérentet, 10.
Robichon (L.) et fils, r. de la Paix, 10.
Rondard et Ce, r. de la Paix, 14.
Rouchon, r. de la Loire, 3.
Sabot (J.), r. St-Denis, 1.
Samuel (A.), r. de la Bourse, 23.
Sardat, r. St-Charles. 17.
Serre (veuve), pl. du Marché, 1.
Seut, r. de Roanne, 5.
Soulié et Vende, r. de la République, 3.
Syveton (L. et C.), rue de la Bourse, 10.
Tardy, r. de Paris, 9.
Taveau et Gauthier, rue de la Bourse, 7.
Tempier, pl. Marengo, 2.
Tillon, r. du Treuil, 10.
Thiollier et Bonfils, pl. du Marché, 1.
Thivet, r. de la République, 11.
Touzet, pl. du Marché, 1.
Troyet et Ce, r. de la République, 13.
Tyrode (C.), r. de la Croix, 4.
Vacher, r. de Lodi, 5.

Verdelet, pl. de l'Hôtel-de-Ville, 9.
Vignat, r. du Chambon, 10.
Vinson et Sagnard, r. de la République, 17.
Wolff aîné, r. de la République, 4.

Fabricants de velours noirs et couleurs.

Alibert-Fulchiron, r. de Montaud, 42
Arnaud et Reymondon, place St-Charles, 14.
Augier (A.), r. de Roanne, 3.
Avril (J.), r. des Jardins, 28.
Barbier et Daville, r. Balay, 14.
Baraillier-Sablière, r. de la République, 25.
Bastide et Porte, r. de la Bourse, 11
Beaufils-Forest, r. de la République, 1.
Beaufils, r. Tardy, 42.
Beaufils jeune, r. de la République, 14.
Berthon et Perrichon frères, r. de la Bourse, 3.
Bonhomme (J.), r. Haut-Tardy, 17.
Boudarel et Chavanon, 3, pl. de l'Hôtel-de-Ville.
Boudarel (J.) neveu, rue de la Croix, 4.
Brenier (J.-V.), r. de la Croix, 18.
Brossier (J.), place de l'Hôtel-de-Ville, 13.
Chaize-Bonnard, r. du Treuil.
Chaleyer fils, r. St-Louis, 21.
Chapet (J.-M.), r. de la Croix, 9.
Chapuis et Pinatel, r. de la Croix, 3.
Chapuis-Avril, r. de l'Ile, 20 et 22.
Circaud, r. Neyron, 55.
Coadon, r. de la Comédie, 5.
Colombant (veuve), r. de la Paix, 13
Cunit, r. de la Bourse, 23.
David (J.-B.), r. de la Bourse, 16.
David (J.-L.), r. de l'Attache-aux-Bœufs 10.
Denis, pl. Marengo, 2.
Descours (A.), place de l'Hôtel-de-Ville, 15.
Deville, P. et A.), r. du Treuil, 8.
Deville (J.-P.), r. de la République, 25.
Deville, r. Raisin, 11.
Dugnat. Gauthier et Ce, place Marengo, 13.
Dumarest (E.), r. de Foy, 2.
Durand et Martin, r. de la Bourse, 32.
Faure (J.), r. Brossard, 7.
Faure et Chavanne, r. Ste Catherine, 6.
Fleury fils, r. de la République, 8.
Fond (P.M.), rue de la République, 6.
Fontaney (D.), r. du Treuil, 46.
Fontvieille, r. Montaud, 52.
Fraisse-Brossard fils jeunes, r. de la Paix, 6.
Fraisse-Jacquet frères, place Marengo, 15.
Fraisse-Fraïsse et Ce, pl. St-Charles, 12.
Giron frères, r. de la Richelandière, 4
Gattet (J.), r. Neyron, 8.
Granchamp (P.), r. de Montand, 64
Gravier et Gerat, r. Dumarest, 9.
Guérin (J.), r. des Gris, 16.
Guillet, Decitre et Ce, r. de la République, 22.
Joly, r. du gr. Moulin, 21.
Larcher sœurs, ve Chandenier et Ce, r. des Arts, 11.
Lyonnard (P.), r. de la Croix, 29.
Martin-Bourgaud, r. Mulatière, 33.
Millon, pl. de l'Hôtel-de-Ville, 10.
Morel (J.-A.), r. du Treuil, 8.
Penel (C.), r. de la République, 6.
Penel, Lacour et Dufour et Ce, pl. de l'Hôtel-de-Ville, 9.
Perrichon-Paradis, r. de Roanne, 3.
Peyronnet, r. du Treuil, 10.
Philip, r. de la Bourse, 13.
Pignol, r. de la Bourse, 10.
Portallier, r. de Roanne, 3.
Rey, pl. Mi-Carême, 3.
Rouchon, r. de la Loire, 3.
Sardat, r. St-Charles, 17.
Soulié et Vende, r. de la République, 3.
Soulier (J.-B.), r. des Gris, 11.
Tamet-Gagnière, r. de l'Eternité, 11.
Tamet et Marconnet, rue des Jardins, 14.

Tivet (J.-B.), St-Etienne. Galons-tailleurs, velours, crêpes, astrakan, cordons, tissus élastique, pour chaussures et ceintures, médaille de 2e classe à Paris.
Tillon, r. du Treuil, 10.
Valancogne, ve, r. des Jardins, 11.
Vacher, r. de Lodi, 5.
Verdelet, pl. de l'Hôtel-de-Ville, 9.

Commissionnaires en rubans, velours, passementeries, etc.

Anrès, pl. Marengo, 19.
Arlès-Dufour et Ce, pl. Marengo, 9.
Auffm-Ordt et Ce, pl. de l'Hôtel-de-Ville, 6.
Augier, pl. Marengo, 13.
Baudron et Dubost, r. de Roanne, 12.
Bernheim, r. de la République, 6.
Blancon (L.), r. de la Loire, 29.
Blancon (J.-M.) fils, pl. Marengo, 15.
Bléttry, pl. Marengo, 7.
Block et J. Ulmann, r. de Paris, 1.
Boggio et Garand, r. Gérentet, 2.
Bonjean, pl. St-Charles, 6.
Bosch, Falck et Nordman, r. de la Bourse, 7.
Bost-Durand, pl. de l'Hôtel-de-Ville, 4.
Brioude et Ce, pl. de l'Hôtel-de-Ville, 9.
Brunon et Ce, pl. Mi-Carême, 1.
Candy et Ce, place de l'Hôtel-de-Ville, 15.
Chandler, pl. de l'Hôtel-de-Ville, 10.
Chapon et Ce, pl. St-Charles, 8.
Cholat aîné, r. Forissier, 3.
Cognet et Gaillard, r. des Arts, 4.
Creton et Ce, r. de la Croix.
De Lamberterie, r. du Treuil, 14.
Dobelin, A. Maxcin et Ce, pl. de l'Hôtel-de-Ville, 6.
Dumarest jeune, pl. Mi-Carême, 4.
Escoffier, pl. St-Charles, 6.
Faure, r. des Arts, 2.
Gaisman, pl. de l'Hôtel-de-Ville, 12.
Gaucher, pl. Marengo, 5.
Gidon, r. de la République, 8.
Girard et Lyonnard, pl. Marengo, 13
Gobert, r. des Arts, 6.
Gros, r. de la Bourse, 3.
Grua, r. de Paris, 17.
Guérin, Deville et Ce, rue de la Croix, 1.
Hardoff et Ce, r. des Jardins, 28.
Hervier-Soulié, r. de Roanne, 3.
Hess et Ce, r. des Jardins, 4.
Hesse, r. du Grand-Moulin, 13.
Jampierre-Monnier, rue du Grand-Moulin, 16.
John Howell et Ce, pl. Mi-Carême, 4.
Kahn, r. Gérentet, 2.
Laurens, r. Brossard, 6.
Leaf sons et Ce, pl. Marengo, 8.
Liogier et Culty, r. Brossard, 6.
Mazodier, r. du Chambon, 10.
Montagnac, r. de Foy, 12.
Pagnon, r. Marengo, 4.
Paliard, r. Marengo, 19.
Potel, r. de la Paix, 34.
Samuel et Ce, pl. St-Charles, 4.
Savoye, pl. Mi-Carême, 4.
Schœler, r. du Treuil, 6.
Schrameck jeune, pl. de l'Hôtel-de-Ville, 5.
Soléliac frères, pl. Marengo, 5.
Strange (J.-B.) et frère, r. de la République, 13.
Tamet et Ce, place de l'Hôtel-de-Ville, 10.

Fabricants de passementeries.

Angénieux frères, r. de la Paix, 10.
Arnaud et Reymondon, pl. Saint-Charles, 14.
Augier, r. de Roanne, 8.
Badinaud (B.), r. de la République, 1
Balay (L. et C.), r. Gérentet, 2.
Barlet et Conchon, r. de la République, 9.
Bayard fils (C.), pl. Jacquard, 9.
Béal père et fils, r. de la Paix, 13.
Béal (J.), pl. de l'Hôtel-de-Ville, 12
Beaulieu, r. St-Jean, 3.
Besson (R. et L.) frères, r. de la République, 12.
Bret, r. de la République, 13.
Brun, r. Marengo, 6.
Chamussy et Gabillot, pl. de l'Hôtel-de-Ville, 5.

Cognard et Frécon, pl. St-Charles, 9
Colombant (veuve), r. de la Paix, 39
Coulaud et Balouzet, r. de Foy, 10.
Couturier, pl. Mi-Carême, 3.
Denis (Ant.), pl. Marengo, 2.
Descours, pl. de l'Hôtel-de-Ville, 15
Deville père et fils, r. du Treuil, 8.
Dumarest fils, r. de Foix, 2.
Dupuy et Roux, r. de la République, 14.
Faure (Æ.), pl. Mi-Carême, 1.
Favier (A.), r. de l'Isle, 15.
Favre-Chometon, pl. de l'Hôtel-de-Ville, 3.
Faverjon et Vende, r. de la République, 9.
Filliol et Laurent, pl. Marengo, 13.
Fleury fils, r. de la République, 8.
Fontvielle et Girinon, rue de la Bourse, 29.
Foujols, r. de la Croix, 3.
Fulchiron frères, grand rue Tréfilerie, 17.
Gérin et Defour, grande rue Mi-Carême, 6.
Grenetier, r. de la Paix, 2.
Guillaume-Staron, pl. Mi-Carême, 1.
Jacob (Maurice), r. de la République, 8.
Jacob (A.), r. du Palais, 7.
Joucerand, r. de Foy, 6.
Kahn frères, r. Gérentet, 2.
Liabœuf. r. du Grand-Moulin, 2.
Marcellin (E.), r. de Montaud, 2.
Marcou (P.), place de l'Hôtel-de-Ville, 6.
Moustier (A.), r. de la Bourse, 3.
Michel (J.), r. du Grand-Gonnet, 28
Neyret (J.-B.), r. du Jeu de l'Arc, 10
Palais (J.), r. St-Jean, 19.
Penel-Lacour et Dufour, place de l'Hôtel-de-Ville, 9.
Peyret, Bastide et Bouchetal, rue Brossard, 9.
Rispal frères, r. Marengo, 6.
Sagne, r. de la Bourse, 2.
Seut, r. de Roanne, 5. — *Spécialité de blanc.*
Soulié et Vende, r. de la République, 3.
Syveton, r. de la Bourse, 10.
Tavaux et Espécel, r. St-Charles, 18
Tillon jeune, r. du Treuil, 10.
Verdié (J.-B.), pl. du Marché, 6.
Vincent, r des Deux-Amis, 5.
Vinson, Sagnard et Ce, r. de la République, 25.
Wolf et Thiollier, r. de la République, 4.

Fabrique de bourdaloux, galons, lacets et articles de chapellerie.

Astic et Bel, r. de la Croix, 9.
Barbier-Rambaud, (et tissus élastique), r. St-Charles, 9.
Barrière, r. Traversière, 8.
Bayard aîné, impasse St-Honoré.
Bayard (L.), tissus élastique, av. de la Gare.
Breuil, Triozon et Ce, r. de Paris, 7.
Brun, r. Marengo, 6.
Callet-Bachelard, r. de la Bourse, 40.
Chapel, r. de la Croix, 9.
Chillet (J.), (et caoutchouc), r. Jacquard, 32.
Couturier père, pl. Mi-Carême, 3.
David (J.-B.), r. de la Bourse, 16.
Faure (Louis), avenue de la Gare.
Faure et Chavanne, r. Ste-Catherine, 6.
Gerard, r. Brossard, 6.
Martinet, pl. St-Charles, 9.
Penel (C.), r. de Valbenoite, 105.
Peyret-Lacombe, pl. St-Charles, 9.
Portafaix et Faure, r. St-Charles, 20.
Revol, r. de Roanne, 26.
Taveau jeune, r. de la Bourse, 3.
Tivet (J.-B.), r. de la République, 11
Tyrode et Ce, r. de la Croix, 4.

Fabricants de tissus en caoutchouc pour chaussures et ceintures.

Barbier-Rambaud, pl. St-Charles, 15
Barbier (veuve), r. St-Louis, 25.
Bertrand, pl. de l'Hôtel-de-Ville, 7.
Chapoton-Peynas (veuve), gr. r. des Gauds, 36.
Chillet et Ce, r. Jacquard, 32.

Cuilliéron-Policard, au Petit-Treuil.
David (J.-B.), r. de la Bourse, 18.
Durand et Martin, r. de la Bourse, 32
Feynas-Dousson, à Bérard.
Fraisse, r. de la Bourse, 10.
Fulchiron jeune et Dumas, grande r. Tréfilerie, 19.
Guinard (J. et J.) frères, grande r. Tréfilerie, 12.
Jacquet (P.), r. d'Annonay, 7.
Joucerand (A.), r. de la Corre, 21.
Liabœuf, r. du Grand-Moulin, 2.
Marcelin frères, r. de Montaud, 2.
Othon-Petit et Ce, pl. Mi-Carême, 3
Proriol (J.-C.), r. des Passementiers, 35.
Verdelet et Ce, pl. de l'Hôtel-de-Ville, 9.

St-Chamond.

Commissionnaires en soies et déchets.

Tamet et Ce, soies.
Carrot, déchets.

Mouliniers.

Alamagny-Oriol et Ce.
Albert aîné et à Doizieux.
Alirot (L.).
Arsac.
Bertholon-Vigier.
Bonhomme.
Brun et Ce.
Chaland frères.
Chatagnon (M.), et Saint-Julien-en-Jarret.
Duclos (J.).
Girard-Balas.
Montgiraud.
Pinet.
Poizat-Gerin.

Fabricants de lacets et tresses.

Alamagny-Oriol et Ce.
Balas-Dubouchet.
Balas frères et à Izieux.
Berne et à St-Julien.
Bethenod et Mallion.
Brun et Ce et à Lavalla.
Chaland frères.
Condamine (de la).
Couchoud de Gournay.
Dubouchet (J.).
Grangier et Reymondon.
Guy fils et Martin.
Lassablière, Burelier et Ce.
Macabeo (veuve).
Michel (J.).
Michel et fils, et à Izieux.
Montellier-Motiron et à St-Martin-en-Coailleux.
Renodier père fils et Ce, et à Izieux
Simon, et à Lavalla.

Divers.

Mouliniers.

Auger (H.), Pelussin.
Auger (J.), Pelussin.
Bernard, Pavezin.
Bonnet, Pelussin.
Boué (veuve), Pelussin.
Boué (H.), Pelussin.
Bourrin et Ce, St-Paul-en-Jarret.
Bredoux, Pelussin.
Chaise (M.), Pelussin.
Charlot, Pelussin.
Cholet, Pelussin.
Champion, Pelussin.
Charlot, Pelussin.
Charrin, St-Paul-en-Jarret.
Charvet, Pelussin.
Charvet, le Chambon.
Chenavas, Pelussin.
Chomel (veuve), St-Julien-Molin-Molette.
Chorel, St-Paul-en-Jarret.
Coffy, St-Paul-en-Jarret.
Copin, Maclas.
Corrompt, St-Julien-Molin-Molette.
Dégabriel père et fils et Bourrin, St-Paul-en-Jarret.
Dervieux, Chavanay.
Delauzun, Pelussin.
Devill, St-Paul-en-Jarret.
Dousson, Pelussin.
Dubos, la Terrasse-en-Doizieux.
Dubreuil frères, la Terrasse-en-Doizieux.

Dubouchet, Unieux.
Dumas, St-Paul-en-Jarret.
Fara, Bourg-Argental.
Forès (A.), Pelussin.
Forès (L.), Pelussin.
Filliat, Pelussin.
Fournier, le Crozet.
Gillet et Gatti, St-Julien-Molin-Molette.
Gillier et Godin, St-Julien-Molin-Molette.
Girard et Boissonnet, Pelussin.
Granger, Pelussin.
Guigol fils, Pelussin.
Guigol (J.), Pelussin.
Hervier, St-Paul en-Jarret.
Jamet (veuve(, Bourg-Argental.
Jamet, et Olagne, St-Julien-Molin-Molette.
Lacombe, St-Paul-en-Jarret.
Largeron, Jonzieux.
Lombard, Pelussin.
Marton-Abel, Pelussin.
Michel, Maclas.
Mondon, Pelussin.
Mousset, Pelussin.
Oriol et Ce, St-Galmier.
Paret (J.), Pelussin.
Paret (G.), Pelussin.
Pascal, Pelussin.
Perrier (J.), St-Sauveur.
Pessonneaux (veuve), Pelussin.
Poidebard et fils, spécialité de soies à coudre et articles douppions purges, système suisse, St-Paul-en-Jarret.
Pombard, Pelussin.
Pourret, Maclas.
Prat, St-Paul-en-Jarret.
Ravachol, Pelussin.
Raspail (neveu), le Chambon.
Raymond, St-Paul-en-Jarret.
Rendon, Pelussin.
Revolon (J.-C.), Pelussin.
Revollon (F.), Pelussin.
Revollon sœurs, Pelussin.
Robelet, Pelussin.
Rolland, Pelussin.
Rispal oncle, le Chambon.
Sénéclauze, Bourg-Argental.
Vanel, St-Paul-en-Jarret.
Vergelas, Pelussin.
Vidon, Bourg-Argental.
Vincent, Pelussin.

Filateurs.

Tardy, Chavanay.

Filateurs en bourre de soies.

Aucquier frères, St-Victor.

Commissionnaires en déchets.

Dervieux (veuve), St-Paul-en-Jarret
Eyraud (J.), Pelussin.
Eyrand aîné, Pelussin.
Filliat aîné, soies, Pelussin.
Gagnaire, Pal-de-Mons.
Martin, Pelussin.
Pipet, St-Paul-en-Jarret.

Fabricants de rubans, d'étoffes de soie et lacets.

Badard, lacets, Izieux.
Berne père et fils. Bourg-Argental, fournitures de chapellerie, lustrines, bourdaloux et galons, maison à Paris, r. Rambuteau.
Bonnay fils, lacets, Lorette.
Capony, étoffes, Roanne.
Chambon, foulards, Bourg-Argental
Chomel (veuve), St-Julien-Molin-Molette.
Coignet-Terrasson, lacets, St-Martin-en-Coailleux.
Corrompt (J.), crêpes et foulards, Bourg-Argental.
David (J.-B.), rubans, Boën-sur-Lignon.
Dufour (M.), lustrines et foulards Bourg-Argental.
Faurie, crêpes, Bourg-Argental.
Eimain, étoffes, St-Pierre-de-Beuf.
Gillet et Gatte, crêpes et foulards, St-Julien-Molin-Molette.
Grange, Pelussin.
Guy fils, lacets, St-Martin-en-Coailleux.
Jamet et Olagne, crêpes, foulards et impressions, St-Julien-Molin-Molette.

Marchand, étoffes, St-Pierre-de-Beuf.
Paccalet, lacets, la Tour.
Perrichon, lacets, Doizieux.
Perrier, crêpes et foulards, St-Julien-Molin-Molette.
Perrier (J.), crêpes et foulards, St-Sauveur.
Portafaix, Doizieux.
Rabatel, étoffes, St-Pierre-de-Beuf.
Raymond, impressions sur foulards, Bourg-Argental.
Rivière, crêpes et foulards, Bourg-Argental.
Sénéclauze aîné et fils, crêpes et foulards, Bourg-Argental.
Sève, étoffes, St-Pierre-de-Beuf.
Vidon, crêpes et foulards, Bourg-Argental.
Société stéphanoise, rubans, Vignal, directeur, Bourg-Argental.

LOIRE (HAUTE)

Le Puy.

Marchands de soie.

Brenas-Deromieu.
Charreyre (représentant de la maison Ed. Rhodé et Ce, de Paris.
Colas et fils (de Caen).
Drouet et A. Duval (de Caen).
Douce.
Geonget (Mlle).
Jaricot (veuve) et fils.
Rouillard (représentant de la maison Canoville de Paris).
Royanné et fils.
Soulages (A.).
Truchet (H.).

Mouliniers.

Bayle, Dunières.
Barbier, Montregard.
Blanchard, Dunières.
Bouchet, Dunières.
Bouillet, Dunières.
Bouilliot, Dunières.
Brioude, Tence
Carpot aîné, Dunières.
Chapelon, Dunières.
Colombet, St-Didier-la-Seauve.
Descours. Dunières.
Digonnet Dunières.
Faurie (J.-B.), Dunières.
Gouyet (H.), Dunières.
Gouyet (J.-B), Dunières.
Gourdon, Dunières.
Gouy (L.), Dunières.
Gouy (J.-B.), Dunières.
Grange, Riotord.
Heyrand, Dunières.
Jamot (H.), Dunières.
Jamot (J.-B.), Dunières.
Jamot (V.), Riotord.
Lauzial, Dunières.
Layvrillère (de), Tence.
Lemoyne de Vernon (A.), Dunières.
Lemoyne de Vernon (J.), Dunières.
Machabert, Dunières.
Malartre (J.), Dunières.
Moulier, Dunières.
Peyrache frères, St-Didier-la-Seauve
Rouchon (L.), Raucouly.
Rouchon (P.), St-Julien-Malmont.
Rigaud (P.), Dunières.
Sarda, St-Didier-la-Seauve.
Suc (L.), Dunières.
Vial (J.-M.), Dunières.
Villers (de) et Prachette (G.), Tence.

Fabrique de rubans.

Besson frères, St-Didier-la-Seauve.
Brioude et Cᵉ, Tence.
Colcombet et Cᵉ, St-Didier-la-Seauve
David frères, Dunières.
Dufour et Cᵉ, St-Just-de-Malmont.
Descours (H.), St-Paul-en-Cornillon
Donzel, Dunières.
Ferriol, St-Didier-la-Seauve.
Foujols et Cᵉ, St-Just-de-Malmont.
Guitton-Nicolas et Cᵉ, Riotort.
Mourrier, Monistrol.
Pochon (J.), Dunières.
Sarda (A), St-Didier-la-Seauve.

Fabrique de Galons.

Verdier, Crépet et Cᵉ, St-Didier-la-Seauve.

LOIRET

Filature et bourre de soie pour damassés, passementeries et gilets.

Ch. Révil et Cᵉ, (dépôt à Paris chez Delon et Raimbert frères, et à Lyon chez L. Olph-Gaillard et Cᵉ).

LOZÈRE

Filateurs.

Deshours, St-Etienne-en-Vallée française.
Lafont, St-Etienne-en-Vallée française.
Pic, Ste-Croix-de-Barre.
Silhol, St-Germain-de-Colberte.
Valeroze, St-Martin-de-Bourbeaux.

NORD

Marchand de soie.

Phalempin (veuve E.) et Cᵉ, Lille.

Filateurs de déchets et bourre de soie.

Blondeau-Billet, Lille.
Lepoutre-Parent, Roubaix.

Fabricants de Roubaix.

Bonnet (J.).
Bodin (R.) et Cᵉ.
Bulteau frères.
Catteau (A.)
Catteau (P.).
Cordonnier (L.).

Decotteigné-Bazin.
Delattre (Ch.) père et fils.
Deschamps-Desrousseaux.
Florin L. et L.
Harinckouke et Cuvelier.
Heyndrickx, Dormeuil (veuve).
Lagache (J.).
Lefebvre (Norbetr).
Lefebvre, Ducatteau frères.
Lepoutre-Pollet.
Réquillart et Florin.
Scripel et fils.
Segard et Ch. Fraisse.
Vanoutryve et Cie.
Wattine (J.).
Wattine (L.).
Wattel (Flor.).
Wibaux (H.)
Wibaux-Motte.

OISE

Beauvais

Passementeries pour meubles.

Morin (Th.-G.).

Retordeurs de soie.

Barbant, Ercuis.
Breton, Ercuis.
Capon, Ercuis.
Fournier, Ercuis.
Lebrun, Halloz.
Moulin, Ercuis.
Rennevilliers, Ercuis.
Toussaint (V.), Ercuis.
Toussaint (Z.), Ercuis.
Varé, Ercuis.

Fabr. de soie à coudre.

Beauvilain, Chambly, maison à Paris
Torne (C.), Puiseux-le-Hauberger.
Vacquez-Fessard, Crouy-en-Thelle, maison à Paris.

Fabr. de cordons de soie.

Auchois, Morangles.
Breton, Neuilly-en-Thelle.
Carrette, Puiseux-le-Hamberger.
David, Neuilly-en-Thelle.
Delaville, Crouy-en-Thelle.
Drani, Morangles.
Drouet (J.), Neuilly-en-Thelle.
Drouet (P.), Neuilly-en-Thelle.
Drouet (A.). Neuilly-en-Thelle.
Fouveroy, Crouy-en-Thelle.
Henneguy, Neuilly-en-Thelle.
Hour, Crouy-en-Thelle.
Langlois, Neuilly-en-Thelle.
Lemaire, Crouy-en-Thelle.
Mansard (E.), Neuilly-en-Thelle.
Mansard (J.), Neuilly-en-Thelle.
Mansart, Crouy-en-Thelle.
Mutin, Neuilly-en-Thelle.
Petit, Neuilly-en-Thelle.
Rivost, Neuilly-en-Thelle.
Réty, Neuilly-en-Thelle.
Semaire, Morangles.
Vart, Neuilly-en-Thelle.

Marchands de soie.

Baardelle, Neuilly-en-Thelle.
Dufay, Neuilly-en-Thelle.
Gourlan-Bonnefoy, Neuilly-en-Thelle
Picquefeu (V.), Neuilly-en-Thelle.

Filateur.

Chilliat (Ed.), Neuilly-en-Thelle, maison à Paris.

PARIS

Condition des soies et des laines, 21 r. Notre-Dame-des-Victoires. — Directeur, M. Jules Persoz.

Soies teintes et écrues.

Amédée Charpentier, boul. Sébastopol, 75, fournitures pour machines.
Auger et Arondelle, r. St-Denis, 200, demi-gros.
Armandy, r. faub. Poissonnière, 9, gros.
Arondelle, r. St-Denis, 159, demi-gros.
Barbier (A.), r. du Caire, 33, détail.
Baronnat (veuve), b. Sébastopol, 93, demi-gros.
Bateman, r. Thévenot, 25, schappes
Beauvilain, r. St-Denis, 153, demi-gros.
Berger, r. d'Enghien, 7, déchets.
Biraud, r. St-Denis, 289, demi-gros
Burlat, b. Bonne-Nouvelle, 28, gros et représentant de filatures.
Canoville (A.), b. Sébastopol, 89, demi-gros.
Carton (A.), r. du Caire, 10, demi-gros.
Chamoux et Loyer, b. Sébastopol, 45, demi-gros.
Chardin (E.), r. St-Denis, 175, demi-gros.
Chilliat (Ed.), r. St-Denis, 127, 129, demi-gros.
Clermont (de), r. Mazagran, 9, gros.
Cohué (A.), b. Sébastopol, 82, demi-gros.
Corpet, r. Turbigo, 27, demi-gros.
Darras (E.), r. St-Denis, 272, demi-gros.
Debacq (A.), r. St-Denis, 124, demi-gros.
Delcourt (Ach.), b. Sébastopol, 87, demi-gros.
Delon et Raimbert frères, r. faub. St-Denis, 24, dépôt de filatures.
D'Hostel, b. Sébastopol, 107, gros.
Dotte (Eug.), r. Turbigo, 23, détail.
Du Motel (E.), r. St-Sauveur, 3, demi-gros.
Faure, r. St-Denis, 369, représentant.
Flamini (G.), r. Thévenot, 8, gros.
Fromentin (L.) et Sarrasin, b. Sébastopol, 48, demi-gros.
Genet et Ce, r. Turbigo, 23, filets et soies.
Germain (A.) père et fils, rue de l'Echiquier, 32, soies gréges et ouvrées, schappes et fantaisies, poils de chèvres, gros.
Getz et Dervieux, r. Hauteville, 26, gros.
Gillet (A.) et J. Maignand, b. Sébastopol, 47, demi-gros.
Gimbert (J.), r. St-Denis, 140, demi gros.
Gottschalk et Ce, faub. St-Martin, 76, représentant.
Guenot et Dubois, r. St-Denis, 277, demi-gros et laines.
Hamelin fils, avenue de Messine, 26, gros.
Hesse (Ad.), r. Hauteville, 22, gros.
Hirsh, r. Borda, 4, représentant.
Jaricot (veuve), b. Sébastopol, 55, demi-gros.
Lenoir (L.) et P. Legendre, rue Réaumur, 53, demi-gros.
Lister et Ce, r. Thévenot, 8.
Marais, r. Réaumur, 76, demi-gros. demi-gros.
Mezières (Henri), r. St-Denis, 277, demi-gros.
Michel-Colombet, r. Rambuteau, 64, demi-gros.
Perrot et Harent, b. Sébastopol, 97, demi-gros.
Peltereau (H.), rue du Sentier, 26, gros.
Piquefeu (V) et fils, b. Sébastopol, 40,
Pinson (Eug.), rue du Caire, 13, demi-gros.
Plailly, r. Turbigo, 18, demi-gros.
Plébeau (J.), r. Aboukir, 92, demi-gros.

Quesnel, r. Greneta, 43, déchets de soie et laine.
Raffard, r. St-Denis, 374, gros.
Rhodé (E.) et Cᵉ, rue du Caire, 2, demi-gros.
Rogelin (Eug.), r. Poissonnière, 13, gros.
Royer, Roux et Duret, r. du Caire, 38, gros.
Salomon frères, r. d'Enghien, 46, gros.
Sylvestre (A.), rue St-Sauveur, 48, bourres.
Thierry (Henry), b. Sébastopol, 77, soies et cotons.
Vaquez-Fossart, r. St-Denis, 223, demi-gros.
Vernier et F. Latour, r. de l'Echiquier, 4, cotons et laines.
Viel et Helaine, r. de l'Echiquier, 40, gros.
Villeneuve (F.), r. St-Sauveur, 50, demi-gros.
Viller (Léon) et Cᵉ, b. Sébastopol, 96 et 98, demi-gros.
Wahl (A.), cité Trévise, 5, représentant.
Weil et Cᵉ, r. du Caire, 12, demi-gros.

Soie (étoffes de) en gros.

Chambre syndicale du commerce et de l'industrie des tissus et des matières textiles, rue Pagevin, 48.
Aine (A.), pl. Vendôme, 1.
Akar, r. de Cléry, 19.
Andry, Chatel et Cᵉ, r. Montmartre, 101.
Auger et Morel, r. St-Lazare, 2, 4 et 6.
Auguet et Lefèvre, r. du Temple, 36
Babé, Lainé et Charier, rue de Rivoli, 102.
Bacuel et Pognon, r. Vivienne, 48.
Baugillot, r. St-Denis, 248.
Bayard (Louis), r. du Temple, 51.
Baudoin, r. Martel, 15.
Beisson, r. Thévenot, 19.
Bélissent cousins, r. Grange-Batelière, 13.
Berger, r. Mandar, 5.
Bergeret et Cᵉ, r. Montmartre 131.
Berteaux et Radou, r. Aboukir, 10.
Bertaux, rue des Colonnes, 8.
Berthe (A.) et Cᵉ, boulevard Strasbourg, 12.
Block (Edouard) et Cᵉ, r. Aboukir, 89
Block (W.), r. Montmartre, 95.
Bossen et Cᵉ, rue Neuve-des-Petits-Champs, 35.
Boucher neveu, r. du Mail, 27.
Bouchot (F.), et A. Lemaire, b. Sébastopol, 97.
Bouilliette, r. Vivienne, 36.
Bourcard et Neyler, r. N.-D.-des-Victoires, 16.
Bourgeois (B.), r. de Cléry, 4.
Bourgeois (E.), r. de l'Echiquier, 27.
Bourhis Jourdan et Cᵉ, r. Montmartre, 122.
Beyriven frères, r. Le Peletier, 37.
Brochot et Lavesvre, r. du Mail, 20, 22 et 24.
Brun, r. du Temple, 53 et 55.
Cadot, Paulin, Maille et Cᵉ, rue Aboukir, 14.
Cahn, rue Poissonnière, 23.
Carlhian et Louvet, r. du Sentier, 26
Carpentier frères, St-Germain et r. Bourdonnais, 37.
Cartier fils, r. Richelieu, 75.
Chaillot (A.), b. St-Martin, 31.
Chaisemartin et Hoessner, pl. des Victoires, 6.
Chanudet (J.), r. Palestro, 15.
Chartier et Cᵉ, r. de Cléry, 13.
Chas, Fournier, Lanxade et Cᵉ, pl. des Victoires, 5 et 7.
Cherut, Denis et Cᵉ, r. St-Denis, 183
Chesnay et Cᵉ, r. Montmartre, 80.
Chevreux-Aubertot, boul. Poissonnière, 7.
Chicotot (André), r. Rambuteau, 77.
Cointreau-Berrurier, r. Monsigny, 15.
Collin (Ch.), r. Quatre-Septembre, 6
Compagnie Lyonnaise, b. des Capucines, 37.
Cosson, r. Molière, 37.
Coste (J.), r. Aboukir, 3.
Cremnitz (I.), r. Bérenger, 15.
Croué fils, r. Grange-Batelière, 15

Dalbin, rue Montmorency, 44.
Dalsème (L.), r. St-Marc, 21.
Danguy, r. Turbigo, 28.
Dawant et Ce, r. Coq-Héron, 7.
Debray, r. Tronchet, 2.
Decauville, r. des Jeuneurs, 26.
Delacarlière et de Lamarre, r. Richelieu, 64.
Delattre et Lizé, r. Vivienne, 31.
Depierre, Vergne et Roubaudi, r. du Quatre Septembre, 7.
Devenne frères, r. Joquelet, 3.
Dobelin, Maxein et Loussel, boul. Sébastopol, 50.
Dobilly, r. St-Martin, 239.
Dorbec, frères, r. Lafeuillade, 6.
Doucerain, r. Notre-Dame-de-Lorette, 58.
Drevet et Ce, faub. Poissonnière, 11.
Dreyfus frères, r. Montmartre, 72.
Drouet et Pevet, r. de la Banque, 16
Ducelier jeune, b. Sébastopol, 55.
Dumas (G.), b. Sébastopol. 44.
Dumas (C.), r. Aboukir, 15.
Duplan et Ce, r. Richelieu, 75.
Dupont (E.) et Pierret, r. Notre-Dame-des-Victoires, 26.
Eude, Chanay (L.) et Ce, r. Cléry, 25
Farcy et Bachelier, r. Vide-Gousset, 2
Fleurot, r. Bellefond, 14.
Flobert et Ce, r. de la Paix, 10.
Forcinal et Locard, b. Sébastopol, 55
François et Laurent, r. de Cléry, 9.
Gagelin, r. Richelieu. 83.
Gagnet et Ce, r. Montmartre, 126.
Gaillard et Ce, r. Thévenot, 24.
Ganeval (veuve), r. du Mail, 14.
Gangnat et Raimond frères, rue du Quatre Septembre, 19.
Gagneur et Devarence, rue d'Enghien, 44.
Gasteau, r. du Sentier, 23.
Girard, Oudar et Ce, rue Notre-Dame-des-Victoires, 26.
Girard et Ce, r. Aboukir, 6.
Gombrich (A.), b. St-Denis, 19.
Gonthier et Ce, r. Aboukir, 51.
Graffeuille et neveu, rue Petit-Carreau, 14.
Gay, rue Hauteville, 34.
Grellou (H.), r. Rambuteau, 84.
Guibey, r. Coquillière, 40.
Guibout et Ce, b. Sébastopol, 44.
Hallard et Martin, b. Sébastopol. 66
Hamel et Paquy, r. des Jeuneurs, 48
Helbronner, rue de Cléry, 9.
Henneguy et Ce, r. St-Marc, 28.
Henry, r. Montmartre, 161.
Herbez et Bouché, r. Croix-des-Petits-Champs, 38.
Hérisson, pl. des Victoires, 1.
Hervieu et Potard, b. des Italiens, 27
Hirtz, Lévy et Ce, p. de l'Ancre, 24.
Hoschedé, r. Poissonnière, 35.
Huber (E.) et Ce, r. des Quatre-fils, 20
Hum, faub. Poissonnière, 8.
Jodon frères, b. des Italiens, 34.
Kalesky, r. du P.-Louis-Philippe, 15
Kauffmann frères, r. Aboukir, 14.
Klotz (J.) et A. Lévy, r. St-Sauveur, 69.
Klotz jeune, pl. des Victoires, 2.
Lachard frères et Ce, pl. des Victoires, 2.
Lacour et Pottier, b. de la Madeleine, 21 et 23.
Lamy et A. Giraud, r. Montmartre, 155.
Larue et Ce, r. de Rivoli, 16 et 18.
Lebel, Mahieu, Fouilloy et Ce, r. Rambuteau, 124.
Leclerc, f. Montmartre, 19.
Leconte, r. de Provence, 69.
Lemarley, r. d'Enghien, 25.
Lentheric, b. Sébastopol, 53.
Lépine, b. Sébastopol, 16.
Liottier, rue de Marseille, 10.
Londe frères, Poirier, Rappin et Ce, pl. des Victoires, 3.
Louis jeune, r. Hauteville, 12.
Louis (J.), Marx et M. Salomon, b. Sébastopol, 47.
Louvet, r. Vivienne, 10.
Lubin, Lévy et frères, 40, r. des Jeûneurs.
Mahler, r. Duphis-Bérenger, 7.
Maignien (V.), r. de la Banque, 14.
Maire, r. N.-des-Petits-Champs, 55.
Mantou, r. des Quatre-fils, 18.

Marcilhacy, Arbelot et Ce, rue Vivienne, 20.
Marcille, r. Ste-Anne, 46.
Marie, r. de la Banque, 1.
Marcellin, imp. Mazagran, 8.
Marix-Picard frères, r. Aboukir, 60
Martin (J.-B.), r. du Temple. 174.
Massing frères, r. du Grand-Chantier, 7.
Massing (P.) et Ce, r. du Temple, 115
Mathieu, rue Notre-Dame-des-Victoires, 32.
Maxein, Loussel et Ce, boul. Sébastopol, 50.
Meilhan, r. des Petites-Ecuries, 42.
Méquillet, Noblot et Ce, r. Aboukir, 44.
Mignot et Caill, b. Sébastopol, 55.
Mill et Ce, r. du Mail, 27.
Milhomme, r. Gaillon, 11.
Miquel, Levallois et Perret, r. des Petits-Champs, 83.
Montaillé, f. St-Honoré, 27 et 29.
Monteix et Delechenaut, r. Rambuteau, 14.
Morand oncle et neveu, r. Cléry, 25
Morel, r. N.-des-Petits-Champs, 29.
Moret et Payen, r. de Cléry, 9.
Muron et Bunel, r. du Quatre-Septembre, 9.
Naillod, r. de l'Echiquier, 29.
Neuville, Mas et Saunois, rue du Mail, 7.
Niclot, r. du Temple, 52.
Opigez-Gagelin fils, r. Richelieu, 83
Osmont et Vallée, r. Montmartre, 129
Oudard, r. N.-D.-des-Victoires, 26.
Patriau et Ducrocq, rue de l'Echiquier, 12.
Pelissié, Beau et Ce, rue St-Martin, 199.
Peronne, r. Aboukir, 27.
Pinaut et Engelhard, rue Richer, 10 et 12.
Pitou et Dreux, r. Neuve-des-Petits-Champs, 46
Pla (M.), b. Sébastopol, 37.
Poincet, faub. Montmartre, 9.
Pouquet, rue Neuve-des-Petits-Champs, 27.
Prin, r. Richelieu, 60.
Raimon, Rappe et Ce, r. du Quatre-Septembre, 19.
Rajon, b. Sébastopol, 83.
Rattier et Roche, r. Richelieu, 62.
Renault et Chaussier, pl des Victoires, 7.
Ris et Stransky, r. Montmartre, 111.
Richard et Ce, b. Malesherbes, 62.
Robert, r. de la Banque, 16.
Roussilhe, r. Thevenot, 14.
Rouzier, Escoffier et Ce, rue Vide-Gousset, 2.
Roy jeune, r. Feydeau, 24.
Sambon r. Ste-Anne, 57.
Sandrier (veuve et fils), r. Montmartre, 109.
Sauvage frères, r. Vivienne, 16.
Sauvel, rue Rambuteau, 18.
Savoye, r. Montmartre, 146.
Schnecbelli frères, r. d Aboukir, 15.
Scheneider et Lies, r. Thevenot, 23.
Sehulle, r. du Caire, 51,
Simon (H.) fils, r. Mandar, 7.
Simon (R.), rue Neuve-des-Petits-Champs, 42.
Tabourier, Perreau et Bisson, rue Aboukir, 6.
Talamon fils et Ce, r. Richelieu, 64.
Thouvenin et Legrand, boul. Poissonnière, 20.
Tillinac et Chanal, r. Réaumur, 76.
Vail et Ce, r. Dupetit-Thouars, 11.
Verneaux et Ce, b. Sébastopol, 115
Verrier (A.), r. Blancs-Manteaux, 40
Vignaux et Labit, r, des Francs-Bourgeois-Marais, 34.
Villy, r. du Sentier, 37 bis.
Vuillet, r. de Rivoli, 8 et 10.
Waroquet et Chéron, r. du Mail, 23
Weber et Ce, cité Trévise, 12.
Weil (J.-L.), r. St-Honoré, 87.
Weil (J.), r. J.-J. Rousseau, 62.
Weill et Yung, rue Rambuteau, 24.
Weisset (L.), Braner, rue Chapon, 20.

Filatures de soie.

Deribeaucourt et Reichenbach, r. du faub. Poissonnière, 25.
Hubner (E.), q. Jemmapes, 132.

Imbs (J), q. de Puteaux, 47.
Langevin et Cᵉ, r. St-Sauveur, 48.
Lister et Cᵉ, r. Thevenot, 8.
Ritaud-Plataret et Cᵉ, r. St-Maur-Popincourt, 74.
Thierée, r. Notre-Dame-de-Nazareth, 30.

Moulinier.

Pouchon, r. Ménilmontant, 10.

PUY-DE-DOME

Mouliniers.

Armand, Ambert.
Gauthier, la Forie.

PAS-DE-CALAIS

Calais.

Marchands de soie.

Darquer, dépôts suivants ; Ouvraisons anglaises J.-B. Gill et Cᵉ de Nottingham, actuellement sous la raison sociale Watson et Cᵉ. Gréges des filatures Tessier du Cros, de Valleraugue (Gard), Guéry, de Sumène.
Devot (E.), commissionnaire en soie.
Dubout et fils, dépôt de bourres de soies filées de M. Fisher.
Mussel, dépôt des soies gréges de Louis Martin.

Fabricants de tulles de soie.

Dubout aîné.
Fourgant.
Herbelot.
Le Do (veuve).
Lestrade et Dorival.
Sarrazin (L.).

St-Pierre-lès Calais.

Négociants en soies.

Astorg (Ad.), dépôt de Galtier frères, de Ganges.
Austin frères, dépôt des ouvraisons de Gower de Londres.
Barbare et Denquin, ouvraisons anglaises et bourres de soies filées de Windley et Barwich, de Nottingham ; soies gréges de Dumas e Martin, de Lassalle.
Boucher et Belz, soies d'Italie.
Beaugeois.
Boin-Malbaux.
Canler, dépôt des bourres de soies, de Thompson et des gréges de Cabannes, Meyrueis de Gouges.
Cartwright, commissionnaire en soies anglaises.
Craith, (J.) et Cox.
Conard (veuve) et Butez, dépôt des ouvraisons de Wright et Cᵉ, de Derby.
Deschamps, dépôt des bourres de soies de John Hadwen et Sons d'Halifax, soies des Cévennes, et d'Italie dépôt des cordonnets de soies à coudre de veuve Jaricot et fils, de Lyon, dévidage des soies gréges et ouvrée.
Goldschmidt et Broutlier, commissionnaires en soies filées et en gréges d'Italie.
Minne, commissionnaire.
Neyme, dépôt en grége de Boudon, de St-Jean-du-Gard.
Rembert, dépôt de bourres de soie de Gurney et Wilson et des gréges de Laporte et Cᵉ, du Vigan (Gard).
Ridoux frères, dépôt des gréges de E. Rocheblave, d'Alais.
Lowenstein, Polack et Cᵉ.

Sergeant.
Stevenson, dépôt des ouvraisons anglaises de Patterson, des bourres de soie de Hinde et Ce, de Lancaster, des gréges de Brouilhet et Beaumier, du Vigan.
Testelin (T.), St-Pierre-lès-Calais. Gréges de France et d'Italie. Soies anglaises moulinées, grenadines, etc. Fantaisie anglaise et suisse. Cotons anglais filés, depuis le n° 20 jusqu'au n° 350 en 2 fils.
Thompson, dépôt des gréges de Colas, de Caen.
Tourret-Petit, bourre de soie de Brochlehurst et gréges de Dussol de Sumène.
Watré et Hénon, dépôt de bourre de soie de Lepoutre-Parent, de Roubaix, et des gréges de filatures des Cévennes.

Fabricants de tulles de soie.

(On voudra bien remarquer que nous ne donnons ici que les fabricants qui emploient la soie dans une notable proportion.)

Astorg.
Bacquet et Ce.
Banquart frères.
Banquart et Austin.
Bellin et Ce.
Berrier frères.
Bibloque et Cd.
Bodart et Berteloot.
Bidal.
Bimont (E.).
Blanquart.
Bodel.
Bonvoisin fils.
Bourré (F.).
Bourré (J.).
Boutenjein.
Brochot (Ed.).
Cadart et Carré.
Caderas-Rault.
Capelle.
Carpentier.
Cazin et Noyon.
Chaussoy.
Chauvin et Destombes.
Chevalier (A.).
Cohen.
Condette et Maubert.
Cordier frères.
Cordier (Th.) et Leroy.
Corte (veuve) de.
Cotrez.
Crassier (E.).
Crespin fils.
Crèvecœur frères.
Dagbert aîné.
Dauge et Ce.
Davron.
Dauchard père et fils.
Deguines-Lebeurre.
Delahaye (P.)
Delplace.
Demassieux et Mayeux.
Derendder.
Deseille, Sackel et Ce.
Deldrève.
Dernis.
Dhilly (A.).
Dubout et Ce.
Duquesnoy-Thorez.
Duvivier.
Frances frères.
Fournier (G.).
Gaillard aîné fils.
Gaillard (J.) père et fils.
Galoppe et Tragin.
Gavel et Cathoire.
Gaudry.
Hall frères.
Hazeldine.
Hernoult.
Lainguel.
Lateux.
Lebas et Leclercq.
Lecomte (Ch.) et Cd.
Lefebvre (A.).
Lefebvre (Th.)
Legendre.
Leleu aîné.
Leleu-Fermant.
Lelièvre.
Lemaître (H.).
Lens (E.) et Ce.

Léonard-James.
Leroux frères et Merlet.
Leroy (E.).
Lestrade et Dorival.
Lévy (W.).
Maniez et Hembert.
Maugé et Wars.
Masson frères.
Maxton (J.).
Mead.
Méhaux.
Mercier (J.).
Messeant.
Minne (A.).
Mullié (A.).
Ollivier fils.
Oswin.
Pierru.
Pion et Alliod.
Pladdys et Milliet.
Rault et Brayère.
Ravisse.
Rebière (F.).
Richez (H.).
Richez-Oswin.
Ridoux frères.
Sailly.
Sainsart et Foullet.
Sarrasin (L.).
Sergeant frères.
Seys (E.).
Seys (O.).
Topham frères.
Tellier.
Tillié (L.).
Thorez,
Touret frères.
Tourneur (H.).
Trouille.
Valdelièvre et Lebas.
Valduriez.
Valois et Renard.
Van Dyck.
Venelle-Morel.
Vernalde (M.).
Vidal.
West (R.).
Willaume.
Yates et Cᵉ.

Moulinier.

Neyme, Nordausques, par la Rescousse, près St-Omer.

—

RHONE

Tissage d'étoffes de soie.

Binder, l'Arbresle.
Dufêtre père et fils, Haute-Rivoire.
Geay, l'Arbresle.
Gonin, l'Arbresle.
Bazin, St-Laurent-de-Chamousset.
Bourget, St-Laurent-de-Chamousset.
Millioz, La Mure-sur-Azergue.

Foulards.

Pierron, St-Clément-sous-Valsonne.
Pradel (Cl.), —

Fabr. de rubans.

Balay, St-Genis-l'Argentière.
Peuvergne frères. —

Fabr. de soie à coudre.

Jaricot (veuve et fils), Vourles.

Broderie sur tulle.

Dognin et Cᵉ, Condrieu.

Mouliniers.

Berlier (A.), Longe par Condrieu.
Chaize, Givors.
Michel frères, Givors.

Filateurs.

Quentin fils, Villeurbanne.

Fabr. de peluche.

Brisson (E. et G.), Tarare.
Martin (J.-B.). Tarare.

SAONE-ET-LOIRE

Fabrique d'étoffes de soie.

Accary neveu, représentant diverses maisons, Chauffailles.
Accary oncle, représentant diverses maisons, Chauffailles.
Amour, représentant diverses maisons, la Clayette.
Chamfray (A.), représentant Lacroix-Martin, Chauffailles.
Charlin, représentent Al. Giraud et Ce, Chauffailles.
Chetail, représentant diverses maisons, Tourron.
Déal, représentant diverses maisons, Châteauneuf.
Dumortier, représentant Vincent et Charlet, St-Just-de-Roche.
Faure, représentant Dufêtre père et fils, Chauffailles.
Foussemagne, représentant diverses maisons, Chauffailles.
Maucorgé, représentant diverses maisons, Coublanc.
Nicolas, représentant Guinet, Chauffailles.
Pelletier, représentant Jaubert-Lyons Audras, St-Just-de-Roche.
Poyet frères, représentant diverses maisons, Chauffailles.
Vivier, représentant Guéneau, Chauffailles.

Mouliniers.

Colombet, St-Maurice-lès-Chateauneuf.
Chamfray frères, St-Maurice-lès-Châteauneuf.

SOMME

Négociants en soie.

Mirabel-Chambaud et Beauval, Amiens.
Delisle-Mille et Ce, Amiens.
Falton (A.) fils, Amiens.
Guibet, Amiens.
Gamand frères, Amiens.
Levasseur (A.) fils, Amiens.
Lelièvre (veuve) et fils, Amiens.
Rouart, Amiens.

Filateurs de bourre de soie.

Les héritiers de Collet, Amiens.

Fabricants d'étoffes de soies ou demi-soies.

Bazille fils, Amiens.
Collet-Dubois et Ce, Amiens.
Coquart-Mollet (veuve), Amiens.
Dequen, Amiens.
Gamounet père et fils, Amiens.
Masson et Caille, Amiens.
Mollet-Desjardins et Ce, Amiens.
Peuiller (E.), Amiens.
Vasseur-Oger (veuve), Amiens.
Vulfran-Mollet, Amiens.
1844 Paris, médaille de bronze.
1851 Londres, prize médal.
1855 Paris, médaille de 1re classe
1862 Londres, méd. d'honneur.
1867 Paris, médaille d'argent.
1872 Lyon, médaille d'or.
1873 Vienne, méd. de mérite.

Négociants en déchets.

Mirabel-Chambaud et Beauval, Amiens.
Bonnard fils, Amiens.

Filateurs et mouliniers.

Dufourmantel et Ce, Corbie.
Masse et Cressin fils, Corbie.

TARN

Filateurs.

Bastié, Lavaur.
Cavaillé, Lavaur.
Frezouls, Lavaur.
Graves, Lavaur.
Lapeyrie, Lavaur.
Luscan, Lavaur.
Maraval et Cie, Lavaur.
Pillé, Lavaur.
Reilhac, Lavaur.
Rivière, Lavaur.
Salvignol, Lavaur.
(Le tout, environ 260 bassines.)

TARN-ET-GARONNE

Filateurs

Lugol, Marty et Vidal, spécialité pour blondes et dentelles, à Montauban.

Souleil père et fils et Lavau, spécialité pour blondes et dentelles, à Montauban.

VAR

Filateurs.

Barret, le Muy.
Bonnet, Carces.
Brennol, le Muy.
Cabasson, Carces.
Caussemille, Draguignan.
Cézarin, Bandol.
Gaillardet frères, Draguignan.
Gérard fils, Cotignac.
Lieutard (A), Cotignac.
Lieutard jeune, aux Arcs et Cotignac
Thomas frères, le Muy.

Filateurs de déchets.

Cézarin, Bandol.

VAUCLUSE

Avignon

Commissionnaires en soie.

Abric (L.).
Alliers.
Bon de Chabran et Cᵉ.
Bigot (A.).
Carbonnel.
Chastel (L.).
Despeyr (J.) et Cᵉ.
Favre (Ch.) et Cᵉ.
Félix (Th. de).
Franquebalme (A.) et fils.
Gat (F.-A.).
Granier (F.) et Cᵉ.
Helly fils.
Joly (A.) et Cᵉ.
Meynadier (A.).
Monestier aîné.
Penne (A.) aîné.
Thomas frères.
Tiran fils et Cartoux.

Négociants en déchets.

Abric (L.).
Anceu (L.).
Bigot (A.).
Chastel (L.).
Charron (B.).
Despeyr (J.) et Cᵉ.
Franquebalme (A.) et fils.
Grivolas (L.).
Joly (A.) et Cᵉ.
Muscat-Naquet (M.).
Perrot et Estrayer.
Tiran fils et Cartoux.
Vincent (B.).

Filateurs et mouliniers.

Bérard père et fils (Ch.).
Franquebalme (A.) et fils.
Gat (F.-A.).
Goudareau, frères. Filature et ouvraison.
Médaille d'or, Lyon 1872.
Médaille de Progrès, Vienne 1873
Monestier aîné et Cᵉ.
Thomas frères.
Verdet et Cᵉ.

Filateurs.

Anceu (L.).
Champin aîné frères.
Charron (B.).
Chastel (L.).
Chomette (M.).
Dabry (Cl.).
Dabry (P.).
Demorthe.
Félix (Th.) de.
Gamounet aîné (veuve).
Girard (A.).
Giraud (J.-J.).
Hurard.
Jouveau fils aîné (et déchets).
Laroche (A.).
Marmet (P.).
Moureau-Esprit.
Montanier (V.).
Penne fils.
Perrot et Estrayer.
Puig frères.
Ricard (veuve).
Valens-Niel.
Vincent (B.).

Mouliniers.

Aymard (V.).
Bérard (Ch.) père et fils.
Bon de Chabran et Cᵉ.
Boyer (Th.).
Colombe.
Escofier aîné.
Franquebalme (A.) et fils.
Joly (A.) et Cᵉ.
Mahistre, Rousset et Estanove.
Montélimar (E.).
Pluton (A.).
Ricard (A.).
Sautel.

Fabricants de soie à coudre.

Joly (A.) et Cᵉ.
Mahistre, Rousset et Estanove.

Fabricants d'étoffes de soie.

Champagne, Humbert et Cᵉ.
Charvet et Aymond, représentants de la maison Richard de Lyon.
Monestier aîné et Cᵉ.
Ricard (veuve).

Commissionnaires en soieries.

Monestier aîné et Cᵉ.
Thomas frères.
Valabrègue fils.
Valens-Niel.

Divers

Filateurs et mouliniers.

Aubéry, Vaison.
Arnaud père et fils, la Tour-d'Aigues.
Avy, Cavaillon.
Chastel fils et Rochas, Malaucène.
Chouvion frères, Malaucène.
Corsin, Visan.
Dailhc (Maximin) Bollène. Usines nombreuses et ouvraisons de trames en tous genres.
Deloye (F.), Sérignan.
Deloye (veuve F.), Sérignan.
Dubois, Montdragon.
Guende, Cavaillon.
Imbert (A.), Grillon.
Jouve (veuve), Cavaillon.
Jullien, Sérignan.
Meynard (Hilarion) et Cᵉ, Valréas. Maison fondée en 1832. Filature de cocons, moulinage de soies, graines de vers à soie, importation et exportation, établissement d'essais précoces. Promoteurs des éducations automnales. Maison en Chine. 20 médailles.
Moulin, Ménerbes.
Pélegrin-Meynard (veuve), Bollène.
Raud (A. Fine, de Marseille), Bollène
Reynaud (F.), Courthezon.
Roustan, Valréas.
Tacussel (A.) et fils, Vaucluse.
Tacussel (El.), Vaucluse.
Violès (A.), Bollène.

Filateurs.

Alary, Cairanne.
Aubenas (Ch.), Valréas.
Auphan, le Sablet.
Avon, Cabrières.
Barnoin, Malaucène.
Bénezet, Oppède.
Bérard aîné, Beaume-de-Venise.
Bérard jeune, Beaume-de-Venise.
Blanc, Malaucène.
Blanc fils, Malaucène.
Bonnefoy frères, Bonnieux.
Bouvet, Oppède.
Boussot, Lauris-sur-Durance.
Brun, l'Isle.
Bruneau, Oppède.
Buey, Grillon.
Causan, Oppède.
Chabert, Joncquières.
Colombe, Joncquières.
Coumert et Jaillard, Valréas.
Fraisse, Sarrians.
Gilles, Caromb.
Gouarand, Cavaillon.
Grangier, Robions.
Gros (A.), Robions.
Guintrand, Caromb.
Imbert, l'Isle.
Isnard, Sorgues.
Lebrun, Vaison.
Martel, Piolenc.
Martin, Oppède.
Masse, Bédouin.
Maurice aîné. Beaume-de-Venise.
Maurice jeune, Beaume-de-Venise.
Meynard fils, Orange.
Michel (C.), Bollène.
Morier (F.), Carpentras.
Morier-Lotelier, Carpentras.
Nicolas, Pertuis.
Noury (veuve), Courthezon.
Pouleau fils, le Sablet.
Pélegrin (A.), Bollène.
Sadaillant, St-Martin-de-la-Brasque.
Sauzet, Pertuis.
Spale, l'Isle.
Valette, Joncquières.

Mouliniers.

Audouard, l'Isle.

Auteman, l'Isle.
Avy (J.), Cavaillon.
Bérud, Gadagne.
Bigot, l'Isle.
Blachier aîné, Sorgues.
Blachier cadet, Sorgues.
Bongard (J.), Valréas.
David père, l'Isle.
Durand, l'Isle.
Decis, Courthezon.
Establet, Sorgues.
Franquebalme (A.) et fils, Joncquerettes.
Girard père, l'Isle.
Gonnet et veuve Giraud, Sorgues.
Imbert (F.), l'Isle.
Isoard, Cavaillon.
Latreille (veuve), Courthezon.
Mathieu aîné, Vedènes.
Meynadier, Sorgues.
Michel aîné, Grillon.
Pélegrin père et fils, Bollène.
Pila. Bedarrides et l'Isle.
Raynaud, l'Isle.
Saumille, Sorgues.
Tourel frères, Cavaillon.
Villard (Th.), l'Isle.
Villelongue, l'Isle.
Villon, Châteauneuf-Calcernier.

Commissionnaires en soie.

Anezin, Cavaillon.
Astran, Gigondas.
Avon (cocons et déchets) Carpentras
Bérenger dit Gaillard père, déchets, Lapalud.
Bérenger dit Gaillard fils, déchets, Lapalud.
Bonefoi, Cavaillon.
Bongard (J.), Valréas.
Chevailler et Rouget Cavaillon.
Derrive aîné, Cavaillon.
Desvaux, Cavaillon.
Deye, Cavaillon.
Durand-Bruyère, Valréas.
Eriès, Cavaillon.
Gelly (F.), déchets, Valréas.
Germain et Grand, Cavaillon.
Hubert, Cavaillon.
Lespinasse père, déchets, Lapalud.
Lespinasse fils, déchets, Lapalud.
Manuel, Cavaillon.
Meynard fils, Orange.
Pauchin fils aîné, déchets, Bollène.
Placide, Cavaillon.
Silvestre, Cavaillon.
Vidaud (veuve), Cavaillon.

Négociants et importateurs de graines de vers à soie.

Anezin, Cavaillon.
Bigot (A.), Avignon.
Desvaux, Cavaillon.
Florent, Avignon.
Grivolas, Avignon.
Guillermont (A.), Avignon.
Hubert, Cavaillon.
Itier. Avignon.
Joubert, importateur, Avignon.
Jouve et Méritan, Cavaillon.
Meynard (Hilarion) et Ce, importateurs, Valréas.
Meynard (A. et H.) frères, importateurs, Valréas.
Mathon (Ch.), importateur, Avignon
Montval (de), Avignon.
Pélegrin-Meynard (veuve), importateur, Bollène.
Pila aîné, Avignon.
Rand, Bollène.
Rousset (Ad.), Valréas.
Rieu (J.), Valréas.
Tiran fils et Cartoux, Avignon.
Vernet père et fils, Avignon.

Fabricants d'ustensiles pour la filature et le moulinage.

Blache, l'Isle.
Chapuis, Avignon.
Deville, Avignon.
Givoux, Avignon.
Jouveau, Avignon.
Maynard (L.), Valréas.
Martel l'Isle.
Monnier frères, Avignon.
Moureau et Rebaudengo, Avignon.
Murtin, Cavaillon.
Sauret (A.). Valréas.

Spécialité de cartonnages pour graines de vers à soie.
Nerson frères (de Strasbourg), Valréas.
Reboul (veuve F.) et fils, Valréas.
(Voir aux annonces.)

ALSACE-LORRAINE

Haut-Rhin

Fabricants de rubans.
Bary-Mérian (de) et fils, Guebwiller.
Mayer, Reguisheim.
Mérian et Cᵉ, Reguisheim.

Filateurs de bourre de soie.
Simon (Th.), Soulzmatt.
William (S.), Soultz.

Marchands de bourre de soie.
Bernhein (les fils de Marc), Mulhouse
Weiss (I.), Mulhouse.
Weiss (J.), Mulhouse.

Fabricants de tissus de soie.
Hermann-Brath, Thann.
Hermann (veuve G.) et Gœpfert, Thann.

Moselle

Fabricants de peluches.
Huber, Sarreguemines.
Martin (J.-B.), Metz.
Massing frères et Cᵉ, Puttelange.

ÉTRANGER

ALLEMAGNE

Postes.

Prusse, 1er rayon (Provinces rhénanes, Bavière).

Lettres simples par 10 grammes … 40 centimes.
» chargées, droit fixe … 50 »
Echantillons par 40 grammes … 10 »
Imprimés … 10 »

Prusse, 2e rayon (le reste de la Prusse, Saxe).

Lettres ordinaires par 10 grammes … 50 centimes.
» chargées, droit fixe … 50 »
Echantillons par 40 grammes … 10 »
Imprimés … 10 »

Télégraphe.

Dépêche simple : Alsace-Lorraine … 2 francs.
Prusse rhénane, Bavière, Bade et Wurtemberg … 3 »
Le reste de l'Empire … 4 »

Monnaies.

Thaler d'argent … 3 fr. 75
Florin, argent … 2 fr. 15
Kreutzer (cuivre) … » 3.57

Poids (de douane).

Quintal … 50 kilogr.
Livre … 500 grammes.

PROVINCE DE BRANDEBOURG

Filateurs et mouliniers.

Heese (J.-A.), Berlin.

Négociants commissionnaires en soies

Borner et Beckmann, Berlin.
Duvinage (Ch.), Berlin.
Lafauche et Schleissner, Berlin.
Gartner et Sohn, Berlin.
Scharnagel (C.-A.), Berlin.
Weber (Ed.), Berlin.

Fabricants d'étoffes de soie.

Baudouin (C.) et Ce, Berlin.
Heese (J.-A.), Berlin.
Kratzer (J.-F.) et Ce, Berlin.
Kelm (H.), Brandebourg.
List (J.), Brandebourg.
Pognol et Heiland, Potsdam.
Schultze (G.-W.), Brandebourg.
Schultze (G.-F.), Berlin.

PROVINCE DU RHIN

Crefeld

Fabricants d'étoffes de soie.

Audojer (P.) et Wolff.
Baumer (G.) et Ce.
Beckerath (Jac. von) et Joh. Sohn
Beckerath (C. et H. von).
Beindorff et von Beckerath.
Blasberg et Gartner.
Bohnen (Herm.).
Bohnen (J.).
Bohnen (Th.).
Borbach (W.).
Bovenschen (P.) Shœne.

Bretthal et Ce.
Bruck (H. vom) Sœhne.
Casaretto (F.-J.).
Dahl et Ce.
Deuss et Oetker.
Diepers et Reeve.
Ebeling et Ce.
Elfes, Andriessen et Weyermann.
Engelmann et Boley.
Floh (C et P.).
Florange-Hohmann.
Flunkert (Wilh.).
Forsbeck et Carty.
Finkh (Carl).
Goll et Frankle.
Greiff (de) et Schuermann.
Hauser (Ed.).
Hamacher (J.) junior.
Hagemann et Basken.
Hecker (Otto).
Herberg (Max) et Ce.
Hermes Gebrüder.
Hellings et Wanders.
Hertz (L.) Sœhne.
Hollender et Schellekes.
Hœninghaus et de Greiff.
Heynen (H.).
Janssen et Neuenhaus.
Jacobs (J.-H.) et Ce.
Jacobs et Duesselberg.
Jacobiny (G.).
Kamphausen (G.) et Ce.
Kaupe (F.-W.).
Kerkhoff (von den) et Kreitz
Kamphausen (G.-A.).
Kniffler-Siegfried.
Klemme et Ce.
Kock (C.) et Huettemann.
Kœnigs (C.) et Ce.
Kueppers (L.) et Ce.
Kœnigsberger (G.) et Ce.
Krahnen et Gobbens.
Lauwenstein et Ce.
Meder (G.).
Metzges et Bretthal.
Meyer et Engelmann.
Meyer-Wolf (M.).
Mueller (F.-A.) et Ce.
Mertens (J.) et Ce.
Michels (Geschw.).

Nobbers (Geb.).
Palm (J.-G.).
Pastor (R.) et Ce.
Peill et Amels.
Peltzer Gebrueder.
Risler et Kerner.
Rüdenberg, Masthaum et Ce.
Scheibler et Ce.
Schopen et ter Meer.
Schmitz et van Endert.
Schrœder (W.) et Ce.
Schramm et von Lumm.
Schmitz et von Weiler.
Schfflin (H.) et Ce.
Seyffardt et te Neues Nachfolger.
Seip (G.-A.) et Sohn.
Storck (P.) Sœhne.
Scheidt et von Beckerath
Schrick et Enger.
Schüren et Corthum.
Schneider et Lies.
Schuchmann (Em.) et Stomps.
Scheidt (W.) et Ce.
Vollmeyer (J.-M.), Nachfolger.
Westen (von den) et Ce.
Weberling et Wanders.
Winkler et Debois.
Winnertz (J.-F.) et Ce.
Wintgens Gebrueder.
Schrœrs (G. et H.).
Remelé et Houben.
Kaufmann (L.) Sœhne.
Leven et Velder.
Barnstein et Classen.
Heimendahe et Ce.
Maeskes et Remy.
Ophuls et Heil.
Gruen (J. et W.).
Heuse (E.).
Rademacher (B.) B. Sohn.
Reymann et Nolte.
Lucas (G.).
Dahl-Helgers.
Beeck (Ad.) et Ce.
Hertz (J.) junior.
Welter et Flunkert.
Wolfers (Phil.).
Klüppelberg (Johann).
Leendertz et Claus.
Spœr et Eckner.

Grueter (U.) et Ce.
Sanders et Peun.
Elten (von) et Keussen.

Bielefeld

Bœchmann et Wessel.
Delius (E.-A.) et Sœhne.
Krœnig (C. et Th.).
Kuithan et Schlossmacher.
Kuithan (H.).
Wachner Gebrüder.
Wertheimer Gebrüder.

Breyell

Beckmann et Luecker.
Klingen et Peuners.

Brueggen

Schopen (W.-H.).

Coln

Haanen (C.-Th.).
Bornbeim (Paul).
Feldheim (A. et L.)

Duelkeln

Finbruecks (R.).
Keingen Gebrueder.
Gierlings et Contzer.
Mostertz (J.).
Pelters et Gœrtz.
Wuennenb rg (Ed.).
Thum (J.-P.).
Thum (Th.) et Ce.
Wolff (C. et J.).
Hanssen et Pohlig.
Gierlings Gebrueder.
Hermges et Clemens.
Lensch et Ce.
Terkatz et Feldges.
Specken et Weyermann.

Fischeln

Dollbaum Gebrueder.
Pitsch (Johahn).

Geldern

Buschmann-Rothe.
Nettesheim (F. et C.).
Rœffs (Ph.) et Sohn.
Rœffs (Ant.).

Guetersloh

Bartels Gebrueder.

Grefrath

Kueppers (P. et J.).
Ebels et Schwartz.

Hilden

Kampf et Spindler.
Volmer et Becker.

Kempen

Pferdmenges (W.-H.).
Kounen (Isaac).
Erkes Gebrueder.
Nellessen (B.-A.).
Harten (H).
Huyskens (F.).
Kleintitschen (J).
Heyer (W.) et Ce.
Dreyers (W.).

Lobberich

Bal (J. L. de) et Ce, Nachfolger.
Niedick et Ce.
Mommers (Th.).

Langenberg

Colsman Gebrueder.
Hohagen et Pommeranike.
Feldhoff et Ce.
Hoddick-Coslman (F.).
Kœttgen Gebruder et Conze.
Kœttgen et Mueller.
Stein (W. et L.).
Bornemann (Fr.).

Mülheim s/Rhin

Andreae (C.)
Bau (J.).
Fischer Gebrueder et Ce.
Langstras (R.).
Steinkauler et Ce.
Schmidt et Ce.

Oedt

Pasch (P.-H.).

Odenkirchen

Wiedemann et von Eicken.

Suechtelen

Beusch (C.).
Endepols (Th.) Sœhn.
Rath et Dohr.
Kochs (A.) et Ling.
Rossié Gebrueder.
Thelen (W.).

St-Tonis

Hohnen (H.).
Albertz (H.).

Rheydt

Aretz (R.).
Bang (C.-C.).

Dilthey (W.) et Ce.
Bresges (W.) et Ce Sohn.
Heymer (W.).
Junkers (Joh.).
Reink-Klingelhoffer.
Sohr Gebrueder.
Schiffer (J.-W.) junior.
Peltzer et Wittig.
Scheeren (J.-O.).
Tillenberg (C.).
Naber (O.).
Fischer (C. et A.).
Hagen (W. vom).
Butz (F.-W.).
Essers (H.).
Junkers et Felsenthal.
Hœrsen (W.)

Viersen

Duerselen Gebrueder.
Diergardt (F.) Nachfolger.
Dreel (F.-W.).
Denhard (Ed.) et Bender.
Houben (F.).
Forstmann (C.).
Kreuels et Better.
Lingenbrink et Vennemann.
Konnertz et Hottges.
Langen et Schaub.
Schaub et Heckmann.
Lingenbrink (W.).
Mengen (Ch.).
Neitzer (F.-W.).
Pickhardt et Schiffer.
Sasse (C.-J.),
Weyer Gebrueder.

Vorst

Kaiser et Ce.
Stickelbrucks et Lintgens.

Elberfeld

Berthold et Ce.
Blass Gebrueder.
Burchartz et Bingen.
Gebhard et Ce.
Glanz, Balcke et Strümpel.
Holthaus (W.) et Ce.
Krugmann et Haarhaus.
Lœwen et Nordsieck.
Niepmann (E.) et Ce.
Olfenius et Reimann.
Reimann et Meyer.
Schmits (J.) et Ce.
Meckel et Ce.
Schniewind (H.-E.).
Erben (J.-S.).
Weyerbusch (C.) et Ce.

Barmen

Bellingrath et Linkenbach.
Bernhard et Starke.
Brœgelmann et Bredt.
Dœsseler et Pleuser.
Ernst (J.-F.).
Gies (Johannes).
Halbach et Wolferts.
Heilenbeck (A.).
Heller (J.-P.).
Karthaus (C.) et Ce.
Kemna et Neuzeit.
Klein-Schlatter (C.-F.).
Langenbeck et Ce.
Langerfeld (C. et E.).
Mittelstein (F), Scheid et Ce.
Schæfer (F.-A.).
Schlieper, Wuelfing et Sœhne.
Viethaus et Ce.

Marchands de soie ou commissionnaires.

Barmen

Bredt (Wittwe), Ruebel et Sœhne.
Engels (Gaspar) et Sohn.

Elberfeld

Brink (J.-H.) et Ce.
Bunge (Alfred).
Weerth (Eduard de).
Dietze, Spies et Ce.
Pruesmann et Pagenstecher.
Frickenhaus Gebrueder.
Hockelmann (Robert).
Schenns (F.) et Ce.
Struecker et Ce.
Heydt-Wuelfing (von der).
Schermeng (Richard).
Vetter (Wilhelm).
Schæfer (Carl).
Einsel (C.-A.).
Heimendahl (F.).

Crefeld

Wolff (Gustav) et Ce.
Leyen (von der) et Ce.
Pastor et Hafkesbring.

Schmitz et Launhardt.
Scheibler-Kaibel.
Quest-Kueppers.
Desgrand père et fils (succursale).
Arlès-Dufour et Ce (succursale).
Hauser (Adolph).
Heimendahl (Gustav).
Herberg (C.-H. von der)
Heydweiller et Ce.
Mottau (Wilhelm).
Vielhaber et Ce.
Duyn (Gerhard).
Mueller (Robert).
Crous (Wilhelm).

SAXE

Négociants en soie.

Barbaleck et sohn, Leipsig.
Limburger junior, Leipsig.

Mouliniers en soie.

Plantier (L.) Leipsig.

Mouliniers en déchets.

Bach (F.), Buchholz.
Delling (J.-G.), Chemnitz.
Sachsische-Floretseiden-Spinnerei, à Falkenau près Chemnitz.

Fabricants d'étoffes de soies.

Behr et Schubert, Frankenberg.
Thiel et Ce, Loznitz.

N.B. Le royaume de Saxe comprend beaucoup de fabriques d'étoffes où la soie entre dans une certaine proportion, mais, celle-ci est la plupart du temps si minime que nous n'avons jugé d'aucun intérêt de les citer.

PRUSSE SAXONNE

Rubans de soie.

Zuchswerdt et Schneider, Magdebourg.

Ancien Royaume de Hanovre

Fabrique d'étoffes pour parapluies.

Hugo frères, Ceile.

Ancienne Hesse électorale

Fabricants de velours soie

Lucas et Ce, Hanau.

Francfort sur le Mein

Négociants en soie.

Heinberger.
Maas frères.
Menko et Ce.
Quilling et Ce.
Seufferheld.
Weisser.

WURTEMBERG

Filateurs et mouliniers.

Spinger (U.), Jony.

Mouliniers et fabricants de soies à coudre.

Amann-Rehringer, Ronnigheim.
Egelhaaf frères, Aaten.
Fisher (L.-W.), Stuttgart.
Spinger (U.), Jony.
Weiss et Bosshard, Langenargen.
Wunster (A.), Andelfingen.

Mouliniers.

Fisher (E.), Wiesenthal.
Fisher (L.-W.), Stuttgard.

Négociants en soie.

Graf et Bauziger, Stuttgart.
Rick (Ch.), Stuttgart.

Fabricants d'étoffes de soie.

Gaupp et Ce, Stuttgart.
Gessler et Ce, Tettuang.
Hitz et fils, Stuttgart et Waiblingen
Kramer, Tettuang.
Sax (S.), Stuttgart.

ANGLETERRE

Postes.

Lettres ordinaires par 10 grammes	30 centimes.
» chargées	60 »
Echantillons par 120 grammes	30 »
Imprimés par 40 grammes	08 »

Télégraphes.

Dépêches simple, Londres	4 francs.
Le reste du royaume	6 »

Monnaies.

Souverain ou livres sterling (or)	25 fr. 20
Shelling (argent)	1 fr. 25
Penny (cuivre)	» 10.42

Poids.

Quintal (avoir poids)	50 k. 797 gr.
Livre » »	» 455 gr.
Once » »	» 28 gr.

Londres

Courtiers pour la soie (Silk brokers).

Bill brothers et James, 5, Union court Old Broad st.
Durant et C°, 11, Copthall court, Hiogmorton st.
Eaton et sons, 33, Old Broad st.
HormuthMoritz, 11, EthelburgaHouse
Hunt et King, 3 et 4. Great Winchester st. Buildings.
Johnson (S.). 6 et 7, Ethelburgo House.
Kilburn Kershaw et C°, 16, Mary Axe st.
Prior, 4. Union court, Old Broad st.
Read et C°, 29, New broad st.
Thomas, 7, Austin friars.
Wood, Austin friars passage.
Waithman, Hogg et C°, 23, Old Broad st.

Soies et soieries (Silk merchants).

Balfour Lewis, 10, Broad st. Mews.
Barket, 91, Ethelburgo House.
Bateman, 15, King st. Cheapside.
Batt (J.) et C°, 39 Old Broad st.
Baumann (E.) et C°, 1, Great Winchester, str. buildings.
Bradwell Dale, 3 A Alderman Walk.
Bordier, Fabris et C°, Coleman st.
Coles Brown, Andrews et C°, 29, Mincing lane.
Comber et C°. 10, Union court Old Broad st.
Corcoton junior, 34, Mark lane.
Court, 145, Cheapside.
Coxhead, [Goldschmidt et C°, 13 Old Jewry Chambers.
Desgrand (L.) et C°, 28, New Broad st.
Desprès et C°. 1, Little Lare lane.
Dormeuil frères, 10, New Burlington st.
Dufour brothers et C°. Palmerston buildings, Old Broad st.
Einstein, 16, Grafton st. New Bond st.
Fergusson, Harris et C°, New street, Bishopsgate E. C.
Fisher (Samuel), 11 1/2, Union court Old Broad st.

Freutel et C°, 1 et 2, Great Winchester st. buildings.
Fuchs, 2 Brabant court Philpot lane.
Gagnière et C°, 34, 35, 36, Golden square.
Goudchaux et C°, 7, Milk st.
Gower et C°, 64 et 65, Bread st.
Hall et C°, 51, Old Broad st.
Hassold, 17, Great Winchester st.
Helbling et C°, 53 Old Bread st.
Herrmanson, 30, Moukwell st.
Hettict, 7, Stroumouyer lawe st.
Huth (F.) et C°, Tokenhouse yard.
Koch (F.), 31, New Broad st.
Lacroix cousins et C°, 16, New Broad st.
Louvet (E.), 26, Maddox st., Regent st.
Leckie (J.-B.) et C°, 11 New Broad street.
Mayes (H.-W.), 13, Union court Old Broad st
Mercer, 21, Spital square.
Mondon et C°, 1, Falcon square.
Murray, 3, Great Winchester st. buildings.
Norris W. Blucton, 19, Gresham st.
Oxford et C°, 5 et 6, Bury court st. Mary Axe.
Parker et C°, 1, Paul's cham charis.
Pattinsson et Lawsenson, 9. Great Winchester st.
Pattison et son, 57 1/2, Old Broad st.
Pitrat et C°, 60, Bernws st.
Pursell, Howell et Daniel, 2, Great Winchester st. buildings.
Rickenbach et Blanchamp, 6 Jeffreys square, street Mary Axe.
Roustan et C°, Ethelburga house.
Sandrini, 6, Copthall court.
Scheibler brothers, Winchester buildings.
Semenza et C°, 56, Gresham House
Springfield son et Nephew, 66, Coleman st.
Streckeissen, Bishoff et C°, Great Winchester buildings.
Stone et C°, 53 Old Broad st.
Steiner, 9, Gresham House.
Thomas, 4, New Bishopsgate.
Truninger et C°, 41, Threadneedle street.
Thurm (J.-C-Im.) 1, East India avenue.
Warburg et C°, 30, Moukwell st.
Zanzi et C°, 9 d., New Broad st.

Fabricants de soies et velours. (Silk et velvet manufacturers.)

Alsop, Downes, Spilsbury et C°, 1 et 2, Huggin lane.
Bacon, 23, Sclater, st. Shoreditch.
Bailey, Fox son et C°, 5, Russia Row Milk st.
Baker, Tuckers et C°, 30 et 31. Gresham st.
Beedham, Stewart st. Spitalfields.
Bennet, 31, Moukwell st.
Birchenhough, 145, Cheapside.
Booth Leigh et C°, 28, Noble st.
Brocklehurst et sons, 32 et 33, Milk st.
Campbell Harrison et Lloyd, 19, Friday st.
Chadwick, 23, Noble st.
Chillingworth et son, 26, Spital square.
Corbiere et son, 30, Cannon st.
Cox, 27, High st. St. Giles's.
Duthoit et Fyler, 4 a, Gresham st.
Elise (Mme L.), 170, Regent st.
Evans et C°, Wood st.
Fairer et C°, 6, Addle st. Wood st.
Farden Gladman et C°, 6, 7, Russia Row Milk st.
Fynney et C°, 30, Bread st.
Gilkes, 28, Steward st. Spitalfieds.
Gill et Hartley, 120, Wood st.
Hall et Nuttall, 6, Mitre court Milk st.
Harrison (F.), 40, Noble st.
Harrop, Taylor et Pearson, 28, Noble st.
Henderson et C°, 1, Gutter lane.
Hislop et C°, 20, Gutter lane.
Howel, Evan et C°, 4 a, st. Paul's Churchyard.
Hutton et C°, 5 et 6, Newgate st. E.C.
Kemp et sons, 20 et 21, Spital sq.

Kent (H. et Ch.), 17, Gresham st. West.
Lapworth broth. 22, Old Bond sq. W
Lister (Samuel) et C°, 4a, Cupplegate buildings.
M'Cabe Hugh, 45, Friday st.
Makin et son, 10, Love lane.
Manton, 24, Noble st.
Martin et Thomas, 124 a, Wood st.
Martin, 29, Fort st. Spitalfields.
May et C°, 13, Bread st.
Mackel et C°, 6, Lowe lane.
Mills, 123, Wood st.
Mommes, 24, Milk st.
Newbury John Colin, Mumford court Milk st.
Norris et C°, 124, Wood st.
Payn, James Sabez, 27 et 28 Milk st.
Pearson et C°, 19, Gutter lane.
Poyton et C°, 6, Chapel st. Curtain road.
Radcliffe son et C°, 57, Wood st.
Rix et Bridge, 116, Cheapside.
Robinson (J.-W.) et C°, 3 et 4, Milk st.
Robinson (Th.) et C°, 30, Milk st.
Salter et Whiter, 8, Milk st.
Sanderson, 7, Gresham st.
Seamer (G.), 20, Milk st.
Senecal et son, 37, Spital square.
Slater, Buckingham et C°, 35 et 36, Wood st.
Slater son et Slater, 6, Wood st.
Slim, 17, Spital square
Speirs (C. et S.), 10, Spital st.
Soper et son, 32, Spital square.
Shellwell et son, 7, White Lion st.
Tattersall et C°, 25, Southampton row W.C.
Tharp et C°, 8, White Lion st.
Vanner et sons, Coleman st.
Varnish, 6, Spital square.
Vavasseur Carter et Colher, 3, Huggin lane.
Walters (D.) et sons, 43, 44 et 45, Newgate st.
Walters (S.) et sons, 15 et 16, Wilson st.
Warner Sillett et Raus, 25, Newgate st.
Wolffgang et C°, 11, Starising lane
Wright et Hall, 174, Aldersgate st.

Aylisburg

Mouliniers.

Evans et C°.

Coventry

Fabricants de rubans.

Andrews et Burbidge.
Bagley (Francis.)
Barnwell (S.) et C°.
Barton, (Henry R.)
Browett (Frederick) et C°.
Bunnry et Westrap.
Caldicott J. et F.-P.
Carter et Phillips.
Cash (J et S.).
Chaplin (Henry).
Clarke John.
Cornell, Lyell et Webster, Nuneaton.
Cox (R.-S.) et C°.
Craddock (S.) et C°.
Dalton (R.-A.).
Darlinson (George).
Edmands (Joseph) et son, Bedworth.
Edmands (Samuel), Bedworth.
Franklin (W^m) et son.
Green, Eli et son.
Hart James et son.
Hennel (Thomas).
Johnson (George).
Mac Rae (John).
Maddocks (Arthur) et C°.
Mastocks (John).
Newsome (Charles).
Peake (Thomas) et son.
Perkins (William).
Slingeby (Henry), Nuneaton.
Spencer (Henry).
Spencer Mark.
Statham (George).
Stevens (Thomas).
Stone et Smart.
Woodward et Sage.

Fabricants de passementeries.

Barnwell (S). et C°.
Browett (Fred.) et C°.
Clay et Greenway.

Dalton, Barton et Cº (Limited).
Edmands (Samuel), Bedworth.
Edmands (Joseph) et son, Bedworth.
Johnson (George).
Kean et Scott.
Mulloney (S. W.).
Perkins (Joshua).
Riley (William).
Stevens (Thomas).

Commissionnaires en soie.

Bill (John), Dresser et Cº.
Caldicott (Richard).
Dodd (Thomas).
Rowbotham (Henry).

Teinturiers.

Hands son et Cº.
Hawley (Thomas).
Howe (Joseph) et Cº.
Rotherham (Alex.).

Mouliniers.

Rowbotham.
Sliffe (Tom A. S.).
Soden.

Derby

Filateurs.

Baker et fils.
Robinson et Cº.
Wright.

Tissus élastiques soie.

Holme (G.).

Halifax

Filateurs de soie.

Cockcroft et Cº.
Hadwen et fils.
Lister et Cº.

Lancaster

Fabricants de soieries.

Hinde et Cº.
Thompson et Cº.

Leeds

Filateurs.

Holdforth et fils.
Kelly et Cº.

Leicester

Tissus élastiques soie.

Hodges et fils.
Turner et Cº.
Whitehead et fils.

Leigh

Filateurs.

Le Marc.
Milton.
Soper et fils.
Taylor et Pearson.

Manchester

Mouliniers.

Chadwick (J.), 141, Great Bridgewater st.
Harrop, Taylor et Pearson, 29, Piccadilly.
Joynson (P.) et Cº, 41, Fountain st.
Makin et son, 14, Mosley street.
Thorp (R.), 14, New-Brown st.
Tucker (H.), 70, Portland st.

Commissionnaires en soieries

Barchard (W.-B.), 48, Fountain st.
Bulkeley (A.), 12, Marsden st.
Carter (W.), 34, Pall Mall.
Drummond (Ch.), 15, Fountain st.
Gaddum (L.-E.), 3, South st.
Higginbottom et Beard, 18, Faulkner st.
Hilton (J.-C.), 40, Spring Gardens.
Pattinson (T.), 11, Piccadilly.
Watts (G.) et sons.

Fabricants de soieries.

Baker, Tuckers et Cº, 70, Portland street.
Booth Leigh et Cº, 106, Market st.
Brennan et Cº, 19, New-Brown st.
Chadwick (J.), 141, Great Bridgewater st.
Cowlishaw, Nicol et Cº, 23, Portland st.
Denby et Beard, 29, Fountain st.
Evans et Syddall, 26, York st.
Harrop, Taylor et Pearson, 29, Piccadilly.
Higginbottom (Ch.), 9, Dale st.
Hilton (Ch.), 6, Spring Gardens.
Jootal-Broadhurst et Cº, 56, Morley st.
Joynson (P.) et Cº, 41, Fountain street.
Le Mare (R.), York st. Chambers.
Le Mare et Griffin, 34, Morley st.
Love et Bickham, 26, Morley st.
Makin et son, 17, Morley st.

Mason et Faulkner, 21, Fountain street.
Robinson et Millington, 10, Spring Gardens.
Rylands et fils.
Smale (J.) et sons, 1, Marble st.
Thorp (R.), 14, New Brown st.
Tucker (H.), 70, Portland st.
Watson (Th.), 50, Fountain st.

Middleton

Filateurs.

Chadwick et Dickins.

Norwich

Négociants en soie.

Gorell.
Pimar.
Springfield son and nephew.

Fabricants de crêpes.

Grout et Co.

Rochdale

Filateurs de déchets de soie.

Prince.
Tucker.
Watson et Ce.

Fabrique de peluches de soie.

Watson et Ce.

Yarmouth

Filateurs.

Grout et Co.

Nottingham

Marchands de soie.

Anderson (John Pendleton), marchand de soie, importeur de grèges et de soies filées et moulinées. Moulinier en soie.
Baillon (Louis).
Baker (W.-E.).
Brownsword.
Chambers.
Hoyles.
Goldschmidt et Sipmann.
Johnson et Ce.
Pattersons et sons.
Thompson (J.), Nottingham et Derby
Windley et Barwick.
Wooton.

Mouliniers.

Anderson (J.-P.).
Frost (R.).
Goldschmidt et Sipmann.
Pattersons et sons.
Thompson, Nottingham et Derby.
Watson, Beeston près Nottingham.
Windley et Barwick.

AUTRICHE

Postes.

Lettres ordinaires par 10 grammes	60 centimes.
» chargées, droit fixe	50 »
Echantillons par 40 grammes	10 »
Imprimés	10 »

Télégraphes.

Dépêche simple	6 francs.

Monnaies.

Souverain (or)	34 fr. 84
Ducat impérial (or)	11 fr. 81
Risdale (argent)	5 fr. 61
Ecu de convention (argent)	5 fr. 18
Florin (Gulden) argent	2 fr. 59
Kreutzer (cuivre)	» 04.3

Poids.

Quintal .... 56 kilogr.
Livre (pfund) .... 560 grammes.

Vienne

Commissionnaires en soie.

Grob et Ce.
Siess et Ce.
Turri.
Heim.

Filateurs.

Audréa et fils.
Barenter.
Brener et fils.
Chwalla (veuve).
Eibl et Arieger.
Fasola et Ce.
Flemmich (veuve).
Franck et fils.
Friès et Zeppzaner.
Giani.
Grünewald et fils.
Guatta.
Nessi et Barberini.
Santagostino et Somani.
Weigandt et Ce.

Fabricants de tissus de soie.

Bader frères.
Buyatti (F.).
Fassbender jeune.
Flemmich (veuve).
Franck et fils.
Friedmann.
Friès et Zeppzaner.
Fickenscher.
Frischling, Arbessier et Ce.
Garber.
Gansher et fils.
Giesanf et fils.
Grünewald et fils.
Haas et fils.
Harler.
Hartmann.
Hell.
Hentsch.
Herzig.
Hirsch (veuve) et fils.
Hornbostel et Ce.
Mayer et fils.
Meyer (J.-K.).
Oberlander.
Paltinger.
Reder.
Reichert fils.
Schler.
Schlick.
Sigmund.
Trebitsch et fils.
Waschka.

Fabricants de rubans.

Adensamer.
Brann.
Dary.
Eder.
Eiselt et Neuberth.
Fashold.
Franze.
Grobheiser.
Gruber frères.
Harmer et Hoffenann.
Hetzer et fils.
Hille et Hampel.
Hoffmann.
Kemperling.
Kittenwatz.
Liebisih fils.
Manhart et Wurm.
Mocring.
Rebel.
Rield.
Rupprecht.
Schattera.
Schreiber.
Senfelder.
Silberbaner frères.
Stein.
Wolfy.
Wadlltdner et Nath.

Silésie et Moravie.

Commissionnaire en soie.

Bresson (le baron), Zlin. (Moravie).

Filateur.

Zweig, Steenberg. (Moravie).

Fabrique de rubans.

Langer, Steenberg. (Moravie).

Illyrie

Ascoli, Goritz.
Buffulin, Goritz.
Cuzzier, Trieste.
Lenassi, Goritz.
Ritter (Wilhem de), Goritz.

Styrie

Filateur.

Hœpfner (J.), Graz.

Prague

Commissionnaires en soie.

Lechleitner (F.).
Lechleitner frères.
Przibik et fils.

Commissionnaires en rubans.

Liégert.
Pereles.

Filateurs.

Kuhn, Joachimsthal.

Tyrol

Filateurs négociants en soie.

Bettini, Roveredo.
Candlberger, Roveredo.
Colle, Roveredo.
Fusseneggen, Dornbirg.
Haemmerle, Dornbirg.
Herrburger et Rhomber, Dornbirg.
Keppel, Roveredo.
Marsilli, Roveredo.
Roanzi, Roveredo.
Rhomberg (P.), Dornbirg.
Rhomberg (W.), Dornbirg.
Salzmann, Dornbirg.
Stoffella, Roveredo.
Tacchi, Roveredo.
Winder, Dornbirg.

Mouliniers et négociants en soie.

Glira, Roveredo.
Pischi, Roveredo.
Salvadori (V.-G.), Trente.
Salvadori frères, Trente.
Tabacchi, Trente.

BELGIQUE

Postes : Lettres ordinaires par 10 grammes.......... 30 centimes.
» chargées, droit fixe............... 50 »
Imprimés par 40 grammes .... 06 »

Télégraphes : Dépêche simple .... 3 francs.

Poids et monnaies suivant le système décimal français.

PROVINCE DE BRABANT

Bruxelles

Marchands de soie.

David frères.
Gravet (A.).
Middeldorff.
Thys (Ch.).

Fabricants d'étoffes de soie.

Dedecker frères.
Romkens.

PROVINCE D'ANVERS

Fabricants d'étoffes de soie pour robes et cravates carrées.

Bosschaerts et Ce, faille noire, Anvers
Duysters (E.), faille noire, Lierre.
Vanbellingen (J.-H.) et Suremont, faille noire, Anvers.
Vanbellingen et fils, faille noire, Anvers.
Van Reussel, faille noire, Lierre.

Teinturiers.

Van Voten frères (noir d'Anvers), à Anvers.

PROVINCE DE LA FLANDRE ORIENTALE

Négociants en soie.

Lagrange (Désiré), et soieries pour la France et l'Allemagne, Deynze.

Fabricants d'étoffes de soie.

Chabodt et Ce, peluches pour chapeaux, Lokeren.

Fontaine frères, soieries, Lede près Alost.

Jansseur-Dedekker, emploi : déchets pour châles, St-Nicolas.

Lagrange frères, satins, Deynze.

Lagrange-Picters, spécialité de satins, gros grains, velours et cravates, Deynze.

Minnaert frères, châles en dentelles, emploi : soie noire, double retord, Grammont

Reus, châles en dentelles ; emploi : soie noire, double retord, Grammont.

Rœlleur (A.), soieries, Deynze.

Smidt, soieries, Alost.

Stocquart frères, châles en dentelles; emploi : soie noire, double retord, Grammont.

PROVINCE DU HAINAUT.

Filateur et cardeur de déchets.

Philippart (S.), Ath.

PROVINCE DE LA FLANDRE OCCIDENTALE

Fabricant de soieries damassées.

Grossé, Bruges.

ESPAGNE

Postes.

Lettres ordinaires par 10 grammes	40 centimes.
» chargées	80 »
Echantillons et imprimés par 40 grammes	08 »

Télégraphes.

Dépêche simple	4 francs.

Monnaies.

Doublon d'Isabelle (or)	25 fr. 84
Piastre d'or (escudo d'oro)	5 fr. 40
Piastre (argent)	5 fr. 25
Real (argent)	» 26.25

Poids.

Quintal (4 arobes)	46 k. 009 gr.
Arrobe (25 livres)	11 k. 511 gr.
Livre	460 grammes.

Nouvelle Castille

Filateurs.

Alcala et fils (veuve de) Talavera de la Reyna.
Bajo, Tolède.
Bringas, Tolède.
Isturria, Talavera de la Reyna.
Tarrivus, Talavera de la Reyna.

Fabricants de soieries.

Albarreau, Tolède.
Alcala et fils (veuve de), Talavera de la Reyna.
Alcantara, Tolède.
Arroyo, Tolède.
Crux, Tolède.
Fernandez (C.) Tolède.
Fernandez (N.), Tolède.
Garcia, Tolède.
Guarda (de la), Tolède.
Hernandez, Tolède.
Librado, Tolède.
Montes, Tolède.
Ramires, Tolède.
Rodriguez, Tolède.
Ruedas, Tolède.
Ximenes, Tolède.

Grenade

Fabricants de soieries.

Agrela, Grenade.
Jose, Grenade.
Moreno, Grenade.

Murcie

Négociants en soie.

Baldo (Ed.), Murcie.
Baldo (R.-M.), Murcie.
Basca, Murcie.
Boyer et Goetz, Murcie.
Calafat, Murcie.
Casalins, Murcie.
Herrera y Martines, Murcie.
Penafiel, Murcie.
Rodriguez y Calderon.
Rescill (de) y Mas, Murcie.
Servot (veuve et fils de), Murcie.
Torres, Murcie.

Filateurs.

Boyer et Goetz, Murcie.
Calafat. Murcie.
Hillasistach (veuve), Murcie.
Rescill (de) y Mas, Murcie.

Valence

Filateurs.

Raga et Cᵉ.
Manasio Lleo.
Llac Hermˢ.
Palluat, Testenoire et Cᵉ.
Gonzalez (Benito).
Llombact é hijo (Domengo).
Teruel (Lamberto).

Filateurs et mouliniers.

Pujals (veuve de) y Cᵉ.
Rosario, Rubio y Cᵉ.
Magin Torner.
Trenor y Cᵉ.
Gonzalez (Salvador).
Lleo (José).
Onate (Ant. de).
Villarroya y Cᵉ.
Fayos (J.-B.).
Bois (F.), Jacquet.
Lombart père et fils.
Ibanez (Fernando).

Mouliniers.

Rubio (Mariano).
Peregrin, Martinez (Guzman).

Mouliniers et fabricants.

Belloch (Luis).
Belloch (Mateas),
Ponce (José) y Hermˢ,
Alpera (Bonet) y Cᵉ.
Gasco (Vicente).
Tarra (Luis).
Manuel Vinarta (veuve de).
Pamplo (Vicente).
Monserrat (Juan).

Fabricants.

Morella (José) y Cᵉ.
Ponce (Cayetano).
Fayos (José).
Sanchez (José),
Rocher (Salvador)
Rellido (Juan).
Vila (José).
Martinez (José M.), Galan.
Bea (Luis),
Grabalosa, Benegto y Cᵉ,
Mariano, Garin é hijo,
Navarro (José).
Navarro (F.).
Ibanez (Fe

Sobrinos de Romero.
Formosa (Francisco de Paola).

Négociants en soie ou fabricants de soieries, tissus, soies à coudre et foulards.

Barcelone

Amigo (José) et Marti.
Reig (E.) et Ce.
Santpnja (F.) et fils.
Vilumara (F.).
Borell y Pujadas.
Magin Gallifa.
Escubos y Arano.
Medir (Salvador).
Olivé (José).
Roca y Tarrades.
Vidal y Bonany (José).
Parellada (Joaquin).
Ferrer (Joacquin) et Ce.
Traveria et Ce.
Comas Sobrinos.
Farriols (L.) é hijos.
Llisnona (José).
Berenguer et Ce.
Balet (M.) et Enrich,
Vilanova, Marco et Ce.
Giral (J.) y Artigas.
Baxera y Amigo.
Pons Hermanos.
Alsmasqué hermanos.
Malvehy (Benito).
Vilumara (José).
Riera (Alfredo).

Manresa

Pons (Francisco).
Vila (Francisco) et Perera.
Tarra (veuve de) é hijo.
Serromalera (Juan).
Gallifa (Francisco).
Mangot (Andrès).
Riera (Manuel) y Balet.
Noguera (Ignacis) é hijos.
Serramalcra (Agustin).

Reus

Bufarulli y Barenys,
Pascual (A.) et Ce.
Montaner (Tomas).
Frexia (Sebastian)
Ramon (Gaspar).
Grau (José) y Pla.
Jaime, Prado é hijo.

EXTRÊME-ORIENT

Bengale

Postes.

Mêmes tarifs que la Chine.

Télégraphes.

Dépêche simple : Ouest-Chittagong.......... ... 97 fr.
Est-Chittagong.............. 102

Calcutta

Argenti, Schilizzi et Ce.
Atkinson frères.
Balmer, Lavise et Ce.
Barton, Bayne et Ce.
Camin, Lamouroux et Ce.
Colin et Ce.
Clarcke et Mookerjée.
Dunlop et Ce.
Emin.
Ernsthausen et Osterley.
Freck et Ce.
Hodge (W.-H.).
Jardine, Skinner et Ce
Labadie (E.).
Lyal, Rennie et Ce.
Petrocochino et Ce.
Ralli frères.
Rentiers et Ce.
Robert et Charriol.
Russell et Ce.
Schilizzi et Ce.
Tamvaco et Ce.
Watson, Green et Hartz.
Wattenbach et Heilgers.

Chine

Postes (voie de Marseille).

Lettres ordinaires par 10 grammes.............. 1 franc.
» chargées.............. 2 »
Echantillons par 40 grammes.............. 25 centimes.
Imprimés.............. 15 »

(Voie de Brindisi).

Lettres ordinaires par 10 grammes.............. 1 fr. 30
» chargées.............. 2 fr. 60
Echantillons par 40 grammes.............. 35 centimes.
Imprimés.............. 25 »

(Voie d'Angleterre).

Même tarif que la voie de Brindisi.

Télégraphes.

Dépêche simple : Hong-Kong, Schanghaï et Amoy.
Voie de Malte.............. 147 francs.
Voie Russe-Amour.............. 147 francs.

Poids.

Picul 60 kilogr. 188 grammes. — Catty 601 gr. 28. — Tael 37 gr. 58.

Adamson Bell et C°.
Balfour (F.-M.).
Barnet Geo et C°.
Blain et C°.
Birley, Worthington et C°.
Birt et C°.
Borntraeger et C°.
Bourjau Hubener et C°.
Bovet Brothers et C°.
Bower, Hanbury et C°.
Bradwell Brothers et C°.
Brandt, Brothers et C°.
Bull, Purdon et C°.
Butterfield and Swire.
Carter et C°.
Chapman, King et C°.
Coutts et C°.
Dent et C°.
Dickinson et C°.
Essex et C°.
Evans (J. E.) et C°.
Fogg (H.), et C°.
Findlay Wade et C°.
Framjee, Hormusjee et C°.
Frazar et C°.
Gamwell (R. F.).
Gibb, Livingston et C°.
Gilman et C°.
Heard, Augustine et C°.
Helbling et C°.
Holliday, Wise et C°,
Hogg Brothers et C°.
Jardine, Matheson.
Jarvie, John et C°.
Lacroix Cousins et C°.
Lindsay, Head et C°.
Meartens (A.-H.).
Major and Smith.
Milsom et Tod.
Nachtrieb, Leroy et C°.
Overbeck et C°.
Pila et C°.
Pustau, Wm et C°.
Pabaney (E.).
Petrocochino (P.-E.).
Reiss et C°.
Robison (J.-S.).
Russel et C°.
Sassoon, David, Sons et C°.
Scheibler, Matthaei, et C°.
Shaw, Brothers et C°.
Siemssen et C°.
Skeggs (C-.J.) et C°.
Smith, Archer et C°.
Taylor et Bennett.
Telge, Nolting et C°.
Textor et C°.
Thorne, Brothers et C°.
Vaucher.
Vogel Hagedorn et C°.
Westall, Brand et C°.
Wright, Burkill et C°.

Japon

Postes : Mêmes tarifs que pour la Chine.

Télégraphes : Nangasaki (bureau unique).

Dépêche simple, voie de Malte........................ 172 francs.
voie Russe........................ 106 »

Monnaies : Nibo (or)........................ 2 fr. 30
Ko-bang (or)........................ 7 fr. 21
Itsbibou (argent)........................ 1 fr. 77
Taels (argent)........................ 3 fr. 52
Sène (cuivre)........................ 0.003
Tempo (cuivre)........................ 0.070

Aspiwall, Cornes et C°,
Aymonin et C°.
Abegg et C°.
Adamson Bell et C°.
Bavier et C°
Bolmida.
Bresciani (C.).
Botto (D.).
Bouvet (H.).
Comi (C.).
Davison, James.
Dell Oro (I.).
Raud (J.) et C°.
Fraser (J.-C.) et C°.
Findlay, Richardson et C°.
Gilman et C°.
Grosser et C°.
Gustschow et C°.
Heard (A.) et C°.
Hecht, Lilienthal et C°.
Hooper, Bros.
Hudson, Malcolm et C°.
Heinaman.
Jacquemot (J.-M.).
Jardine, Matheson et C°.
Kindgom, Schwabe et C°.
Kniffler (L.) et C°.
Leggatt (C.-E.) et C°.
Macpherson et Marshall.
Morf (H.-C.) et C°.
Netherlands, Trading C°.
Lini.
Reis von der Heyde et C°.
Reiss et C°.
Sitwell, Schoyer et C°.
Schultz, Reiss et C°.
Shaw et C°.
Siber et Brennwald.
Smith, Baker et C°.
Société Franco-Japonaise.
Strachan et Thomas.
Smith, Archer et C°.
Scoto-Scoti.
Textor et C°.
Valmale, Schoene et Milsom.
Wilkin et Robison.
Walsh, Hall et C°.
Ziegler et C°.

ÉTATS-UNIS

Postes (par paquebots français).

Lettres chargées par 10 grammes	50 centimes.
Echantillons par 40 grammes	25 »
Imprimés	15 »

(Voie d'Angleterre).

Lettres ordinaires par 10 grammes	1 fr. 20
« chargées	2 fr. 40
Echantillons par 40 grammes	25 centimes.
Imprimés	15 »

Télégraphes.

Dépêche de dix mots pour New-York	87 fr. 50
Chaque mot en sus	3 fr. 75

Monnaies.

Dollar (argent)	5 fr. 40
Cent (cuivre)	» 5.4

Poids.

Quintal (112 livres)	50 k. 79 gr.
Livre	453 grammes.

GRÈCE

Postes.

Lettres ordinaires par 10 grammes	60 centimes.
Lettres chargées par 10 grammes	1.20 »
Echantillons et imprimés par 40 grammes	15 »

Télégraphe.

Dépêche simple	10 francs.

Monnaies.

L'Icossa drachme (or)	17.90
Le Drachme (argent)	».90
Le Lepton	».009

Poids.

L'Oka	1 k. 280
Le Cantar	50 k. 320

Filateurs.

Durutti (A.) et Ce, Athènes.
Ralli (Luca), Pirée.
Ralli (Luca), Sparte.
Durutti (A.) et Ce, Sparte.
Panagiotopulos (Arist.), Sparte.
Cozopulos (Ath.), Sparte.
Kyriacos Kyriacopulos, Sparte.
Fels et Ce, Calamata.
Marava (D.), Calamata.
Maredpulos (Jh.), Calamata.
Apostolakis frères, Calamata.
Eumorfopulos (L.), Calamata.

HOLLANDE

Postes.

Lettres ordinaires par 10 grammes	40 centimes.
» chargées, droit fixe	50 »
Imprimés par 40 grammes	08 »

Télégraphes.

Dépêche simple	4 francs.

Monnaies.

Ryksdaaler (argent)	5 fr. 25
Gulden (argent)	2 fr. 10
1/2 Gulden (argent)	1 fr. 05

Poids.

Poid ou livre	1000 grammes
Vigtje ou gramme	1 gramme.

Le commerce des soies n'ignorant pas que la Hollande n'est qu'un pays d'entrepôt pour les soies, que plusieurs négociants importent dans le but de les écouler le plus souvent au moyen de ventes publiques, nous ne pouvons consigner ici que les noms des Courtiers qui sont les intermédiaires naturels de ces sortes d'opérations.

Courtiers en soie.

Rotterdam

Alphen (H.-C. et J.-G.).
Breukelman et de Mouchy.
Jancloas (J.-M. et J.-S.).
Van-Houten et Ebeling.

Amsterdam

Gerth et Herckenrath.
Mynssen (J.-P.).
Van der Vies (O.).

Fabricants de galons, bourdaloux et tresses

Keulemanns et fils, Rotterdam.

LEVANT

Principaux filateurs de Syrie, Beyrouth et Liban.

Palluat et Testenoire, 215 bassines.
Mourgue d'Algue et fils, 1 seule filature dans leur propriété particulière sur le Liban, 150 bassines.
Portalis (F.), id., 120 bassines.
Cambassedes (L.), id., 60 bassines.
Veltakis (N.), id., 70 bassines.
Houry (N. S.), Beyrouth, 100 bassines.
Touéné et Gebelly, id., 100 bassines.
Iacoub Tabet et fils, 80 bassines.
Tyan (J.) et Ce, id., 80 bassines.
Asfad Tabet C^e^, id., 70 bassines.
Kalil Nasser et fils, id., 80 bassines.

Freige (J.) et fils, 80 bassines.
Daumane, id., 80 bassines.
Habib Naccache et fils, id., 70 bassines.
Bassoul (A. et S.), id, 60 bassines.

Brousse

Manasse (S.) et fils, propriétaires de la marque F.M, médaillée à Londres, Turin et Lyon, production 7,000 kilogr. soies gréges par an.
Brotte (Auguste).
Brotte (Louis).
Sinand (A.).
Poirier (E.) et Vallé (L.).
Boinet (A.),
Gamet (Casimir).
Batmaz (Stépan).
Filature impériale.
Blache (Marie), femme Maréchal.
Kupdélénian (A. M.).
Fenzi (Osman).
Gulmézian (Antranik).
Amiréyan (F.).
Soudgian (B.).
Kabacdgian (M.).
Bédic (Gomidas).
Kirmizian (Paul).
Kuléyan (J.).
Bodouryan (Simon).

Timourtache

Gdarouzi (Yorghaki).

Moudanya

Roche (Achille.)

Ismith

Kainadan oglou Gdivanaki.
Mighirditche.
Kaiserli Ohanès.
Yatropoulos (Nicolaki).

Gegvé

Papaz oglou Yanaco.
Garabet oglou frères.

Ada-Pazar

Topal Yorghi.

Sefghé

Friandafil.

Bilédgik

Filkian (A.).
Caftangian (P.).
Fildgangi frères.
Minas oglou.
Didelot (Nicolas-Jules).

Kuplu

Costaki Bahdgéran oglou.
Yorgaki Biber oglou.

Brousse

Négociants-Commissionnaires.

Manasse (S.) et fils. Soies et déchets, spécialité d'exportation des produits des principales marques d'ordre de la localité
Sinand (A.), soies et déchets.
Schwaab (Charles N.), soies et déchets. (Vice-consul d'Allemagne).
Scholer (Hermann), soies et déchets
Tchakir (Samuel), déchets.
Caraco (Joseph), déchets.

ITALIE

Postes.

Lettres ordinaires par 10 grammes	40	centimes.
» chargées, droit fixe....................	50	»
Imprimés et échantillons par 40 grammes...........	06	»

Télégraphes.

Dépêche simple..............................	4	francs.

Poids et monnaies, système décimal français.

Ancien royaume de Piémont

Turin

Négociants et commissionnaires en soie.

Alasia frères.
Arnaud et Ce.
Barberoux père et fils.
Barberis fu J.-B. frères.
Beltramo frères.
Berne et Ce.
Bravo et fils.
Ceserole et Montu.
Ceriana frères.
Cesano et Zürcher.
Chiarini (B.).
Donner et Baumann.
Dumontel et Craponne.
Dupré père et fils.
Dupré (Louis).
Fontana (B.).
Fontana frères.
Foa et Ce.
Fornasari et Ce.
Gaddum et Ce.
Gaydou et Ce.
Gallerate et Calleri.
Gastaldetti et Ce.
Giorelli frères.
Keller (Albert).
La Nicca et Ce.
Levi (D.) et Ce.
Levi (J.).
Marcellino.
Montalti et Ce.
Pastore, Sacerdote et Ce.
Pittaluga (S.).
Quest (G.).
Rolle (P.).
Rolle, Musso et Ce.
Sacerdote feu L.
Soldati et fils (P.).
Soldati (R.) et Ce.
Soldati (C.) et Ce.
Sinigaglia et Lattes (héritier de)
Schumacher, Campana et Ce.
Tachis, Levi et fils.
Tedeschi et Ce.
Teja et Ce.
Torelli feu Jacques.
Vignon, d'Introd et Ce.
Zuccala.

Négociants et commissionnaires en déchets de soie.

Bolens et Ce.
Caffarel.
Chancel, Veillon, Alioth et Ce.
Gaddum et Ce.
Lancia (héritier de V.).
La Nicca et Ce.
Soulier.
Thomatis.

Fabricants d'étoffes de soie.

Aubert.
Bellacomba frères.
Cattaneo et Petiti.
Chapuis, Delleani et Ce.
Comba.
Depetris
Gamna.
Garneri.
Ghidini.
Levera frères.
Rodi.
Ruardi frères.
Siravegna, Bottino et Ce.
Solei.

Divers

Filateurs et mouliniers

Abegg et Ce, Savigliano.
Alasia frères, Verzuolo.
Alberti (3 couleurs), Savigliano.
Alberti (J.-A.), Savigliano.
Andreis (V.), Racconigi.
Arnaud et Ce, Altezzano.
Bagnardi, Dronero.
Barbaroux père et fils, Grugliasco.
Barberis, Aglie.
Baroni, Cavour.
Beltramo frères, Pignerol.
Berné et Ce, Pignerol.
Bravo (J.-A.), Pignerol.
Bravo, Saluces.
Ceriana frères, Cavallerleone, Torre-Bolfredo, Caselle, Castigliole et S. Maurizio.
Cesano (F.), Racconigi.
Chiarini (B.), Fossano.
Chicco, Verzuolo.

Costa, Mondovi.
Damiani, Baudenasca.
Dumontel et Craponne, Carru.
Dupré (L.), Caselle.
Franchini, Savigliano.
Gaddum frères, la Tour Pellis.
Gaydou et Ce, Perosa, Alba, Abbadia et Rossiglione.
Giorgis, Cuneo.
Giretti, Bricherasio.
Giorelli frères, Venasca.
Keller (A.), Villanovetta.
Lattes Cassini, Cuneo.
Lattes Confreria, Cuneo.
Levi frères, Racconigi.
Novellis, Savigliano.
Pastore et Sacerdote, Carmagnola et Racconigi.
Peloso et Salvi, Ovada.
Prandi, Rocca de Baldi.
Rolle, Musso et Ce, Grugliasco.
Sicardi frères, Ceva.
Sinigaglia et Lattes, Busca.
Soldati père et fils, Cottegno.
Soldati (R. et C.), Grugliasco.

Filateurs.

Aghem, Carignano.
Aloatti, Vittastellone.
Angonoa, Bene.
Audifredi, Cuneo.
Barbaroux père et fils, Pancalieri et Castagnole.
Bellino, Rivoli.
Casalis. Sommariva.
Cassini, Cavaglio et Boves.
Cassissa, Novi.
Cattaneo, Novi.
Coriana frères, Valenza.
Colombo, Ceva.
Corsini, Monesiglio.
Demichelis, Novi.
Dumontel et Craponne, Farigliano et Mede.
Dupré père et fils, Bra.
Foa et Ce, Obassano.
Fontana (R.), Asti.
Fontana frères, Buriasco.
Gallarati et Cattery, Samone.
Gambarotta, Novi.
Gariglio. Moncalieri.
Gaydou et Ce, S.Secondo.
Giorgis (D.), Pignerol.
Lanzavecchia, Alexandrie.
Luraghi, Castelnuovo, Scrivia.
Merletti, Condove.
Norsi, Fossano.
Odetti frères, Trabosa.
Radino, Chieri.
Rolle, Musso et Ce, Valfenera, Biella et Moncalvo.
Segre frères, Saluces.
Soldati (C. et C.), Avigliana.
Tarditi et Ce, Bra.
Vagnone frères, Pignerol.
Vagnone (S.), Pignerol.

Mouliniers.

Barbaroux père et fils, Veneria.
Chicco, Racconigi.
Dupré père et fils. Turin.
Fontana frères, Pianezza.
Gallarati et Cattery, S. Benigno.
Luciano, Caselle.
Rolle, Musso et Ce, Veneria.
Soldati (C. et C.), S. Benigno.
Vialleton, Caselle.

Lombards

Milan

Commissionnaires en soie.

Andreani, Meraviglia et Ce.
Agudio.
Alberti frères.
Banda (A.).
Barbieri.
Baroggi (A.).
Barozzi (A.).
Battistoni (A.).
Bertschinger.
Besozzi.
Bianchi (F.).
* Blumer et Ce.
* Bonacossa.
Bonsignore (N.).
Bonsigneri frères et Ce.
Bozzotti et Ce.
Brambilla frères.
Branca.
Cabiati.
Calderara, Ronchetti et Ce.

Camera.
Campelli (P.).
Casanova frères.
Cesati (J.).
* Cimbardi frères di Alessandro.
Cobelli et Ce.
Coduri et Mariani.
Colombo (G.) fu Pietro.
Comi (A.).
* Consonno (A.).
Consonno (F.) et Ce.
Consonno (J.) et Ce.
* Conti (F.) et Ce.
*Corbetta frères.
* Corti (A.).
Cova.
Cramer (H.) et Ce.
Cramer et Muller.
Crespi (E.).
Crippa (D. et A.).
Crippa (D.).
Daina (V.) et Ce.
De Antoni (Cesare).
*Del Bianco, Pagliani et Ce.
* Dell'Acqua et Mazuchelli.
Dell'Oro et Ce.
Dobelin.
Dolzino et Ce.
Donner et Baumann.
Dozio et fils.
Erba (G.).
* Farfara et Grenet.
Feroldi (L.) et Ce.
Ferrandi (A.).
Ferrario i Paolo.
* Ferri et Ce.
Forni (D.).
* Fossati.
* Frigerio fu Pietro.
Frova.
Fuzier et Ce.
Gallavresi.
Gaslini frères.
Gavazzi, fils de Constantin.
Gavazzi frères.
Gavazzi.
Gerosa.
Gessner.
Gibert.
Ginoulhiac.
Gnecchi, fils de (G.-A.).
Gonzenbach.
Grossoni frères et Ce.
* Heer et Ce.
Imhoff.
* Isacco et frères fuVincente.
Isella frères.
Jalaguier.
Jorion frères.
Jungermann.
Keller (A.).
Kienle et Ce.
Lanfranchi.
*Lattès (E.), d'Amadio.
Lazzaroni, Cugini et Mira.
Locatelli (A.).
Luzzatto et Ce.
Mach-Wiegel et Kreutzer.
Maderna.
Maggi.
Majno veuve de Andreis.
Marelli.
* Mattinzzi.
* Mauri.
Mazzucchetti.
Magni, Vagnoni et Ce.
Mezzi (P.).
Meyer (H.) et Ce.
Molteni (G.)
Montagu (E. de).
*Montel et Ce,
Morardez (P.) de Pietro.
Moretti et Ce.
Muller et Ce.
* Nava et Ce.
Nurmberger et Andræ.
Odazio.
Olhy et Ce.
Paganini, Visconti et Ce.
* Paladini et Goretti.
Paleari et Folli.
Pedroni, Cavadini et Ce.
Piacentini frères.
Ponzio et Ce.
Ponzio et Ce.
Poss (Al.).
Prato frères.
Preiswerk (J.) et fils.
* Riccardi et Ce.
Ricci et Spreafico.

Rickenbach (F.).
Ripamonti et Pirovano.
Riva de Luigi.
Riva (F.).
Ronchetti frères
Rusconi (A.).
Savini frères.
Scatti.
Schennis.
Schumacher, Campana et Ce.
Somaruga.
Sormanni (F.)
Sottocornola.
Stierlin.
* Strada (A.).
Strada, Malerba et Ce.
Strazza frères et Lavezzari.
Tavola et Ce.
Testa (L.).
Thinard.
Ticozzi.
* Tommasi et Cristani.
Trolliet.
Valli (A.).
Valtolina frères.
Valtolina et Ponti.
Vergani, Ponzoni et Ce.
Verza frères.
Verzegnassi.
Vigano et frères.
Viscardi et Ce.
Vogel et Ce.
Volpi, Pirovano et Ce.
*Vucetich et Biava.
Wagner (C et A.).
Wednisow (A.).
Zappa fu de Pietro.
Nota. — Les noms marqués d'un astérique font également les déchets.

Négociants en déchets.

Binucchio.
Borella frères et Ce.
Colombo et Ce.
Filatura di Cascani di Seta, in Meina, lac Majeur.
Gaddum (F.-E.), représenté par G. Battaglia.
Gavazzi et Longa, avec cardage.
Isacco (P.).
Lanzani et Ce.
Noyer (A.).
Pianazzi.
Pirovano et Ce, avec cardage.

Filateurs et mouliniers.

Bozotti (C.) et Ce.
Cramer (E.) et Ce.
Decauville.
Pianazzi (B.).
Prina (A.).
Testa (B.) de Pietro.
Zappa (F.) de Giuseppe.

Filateurs.

Coizet.
Gaslini frères.
Gragli (G.-B.).
Luzzatto et Ce, soies à coudre.
Mezzi (F.).
Valtolina frères de Giuseppe.

Mouliniers.

Castoldi.
Cimbardi frères di Alessandro, soies à coudre
Consonno et Ce.
Forni.
Fossati.
Fusi, Steffanoni et Ce, soies à coudre
Gamba, soies à coudre.
Garbagnati.
Gilardi, Romanoni et Ce, soies à coudre.
Lazzaroni, Cugini et Mira.
Redaelli di Angelo.
Rotondi.
Rusconi (G.).
Tramontini.

Fabricants d'étoffes de soies, passementeries et rubans.

Besozzi, de Côme.
Binda, passementeries.
Bossi di Paolo.
Braghenti, Baroffio et Ce, rubans.
Bressi et Ce, de Côme.
Carminati.
Colombo frères, rubans.
Corti, Casartelli et Mazza.
Crosio.
Del Furno.
Fassi.
Filetti et Galetti, crêpes.

Fumagalli, cravates et écharpes.
Galbiati fu Carlo, tulles brodés.
Galletti (A.).
Galli (B.), châles, peluches et velours.
Gallone, rubans.
Gavazzi (E et P.).
Lagnazzi frères.
Lietti, rubans.
Magnaghi, rubans,
Maja frères, tissus de bourres.
Manfredi, Zanardi et Ce.
Martini fu Giuseppe, brochées. d'or et d'argent.
Masson et Mazzoni, tissus élastiques.
Osnago, di Innocente, velours.
Parea frères.
Pallegata et Ce.
Pelissier, velours.
Pescini.
Pogliani, rubans.
Riccardi et Tarelli, rubans
Sala (E.).
Sara, de (F.), damas pour voitures.
Sassi frères, tissus élastiques.
Schoch (C.), rubans.
Segale, velours.
Tamburini, rubans et tissus.
Terrini, veuve Villa.
Tondani et Ceriani, tulles brochés.
Trebini.
Tromba, héritiers de G., rubans.
Vaccari, velours.
Vernazzi.
Verri, modes.
Villa et Ce, rubans.
Visconti et fils, rubans.
Zippoli.
Zomer.

Province de Bergame

Filateurs et mouliniers de soie.

Bozzotti Cesare, Treviglio.
Briolini fratelli, Desenzano al Serio.
Briolini, Decio et fratelli, Gazzaniga.
Caroli et Bruni, Bergame.
Chiari Federico, Bergame.
Consonno Fortunato, Bergame.
Daina Vicenzo, Bergame.
Deponti Filippo, Treviglio.
Donadoni ved. et figli, Bergame.
Fenaroli Giovanni, Bergame.
Ferrari Giovanni, Treviglio.
Ferrari et Ceni, Brignano.
Franzi fratelli fu Giuseppe, Alzano Maggiore.
Frizzoni (A. F.), Bergame.
Fuzier (F. L. B.), Bergame.
Galimberti Francesco, Treviglio.
Giambarini Antonio et fratelli, Bergame.
Gnecchi, figli di G. A., Caprino Bergamasco.
Gonzenbach, Barone, Erminio, Trescore Balneario.
Gregori Gio. Battista, Alzano Maggiore.
Lozza Giacomo, Torre de' Busi. S. Michele.
Mangili fratelli, Corte.
Martinoni Luigi, Riva di Solto.
Mioni Luigi, Bergame.
Moretti fratelli, Bergame.
Moroni Gio. et figli, Presezzo.
Pavoni fratelli, Alzano Maggiore.
Pedroni et Cavadini, Alzano Maggiore.
Rossi (G.G.), Bergame.
Stampa fratelli, Bergame.
Steiner Dietelmo, Bergame.
Steiner Gio. et figli, Bergame.
Taglioni fratelli, Bergame.
Testa Pietro, Gandino.
Zuppinger Siber et Ce, Bergame.

Filateurs de soie.

Agazzi Antonio, Cazzano.
Agosti Andrea, Bonate Superiore.
Alessandri Sac. Francesco, Adrara S. Martino.
Amaglio Pietro, Alzano Maggiore.
Ambiveri Luigi, Presezzo.
Ambiveri Roberto, Trescore.
Andreossi Alessandro, Corte.
Arcangeli Arcangelo, Sarnico.
Aresi Sac. Paolo, Brignano.
Baldis Elisabetta, Bergame.
Balicco Alessandro, Bergame.
Barca Vitalba Nob. Maria, Bergame.
Belotti Cesare, Alzano Superiore.
Belotti Francesco, Treviglio.

Belotti Giuseppe, Sarnico.
Benaglia C. Antonio, Verdello.
Berizzi et Pegurri, Bergame.
Bernardi Luigi et fratelli, Villa d'Adda.
Beroa Cte Guido, Azzano S. Paolo.
Bertoncini Luigi, Telgate.
Bianchi Ing. Anacleto, Treviglio.
Bicetti De Buttinoni Amalia, Treviglio.
Bonduri Giacomo, Villongo S. Filastro.
Bonetti Giovanni, Calcio.
Bonotti Carlo Antonio, Lovere.
Bonsaglia Giuseppe, Villa d'Adda.
Bornaghi Carlo, Treviglio.
Bosio Antonio, Lovere.
Bozzotti Cesare, Calvenzano.
Bozzotti Cesare, Villa d'Adda.
Bravi Giuseppe, Terno.
Briolini Decio et fratelli, Gazzaniga.
Briolini fratelli, Desenzano al Serio.
Buelli Antonio, Sarnico.
Buelli Bortolo, Sarnico.
Buelli Pietro, Sarnico.
Caccia Nob. Giulio, Torre Boldone.
Cajo Giuseppe, Brembate Inferiore.
Callegari Giovanni, Treviglio.
Camozzi Cav. Giuseppe, Mozzanica.
Camplani Luigi, Riva di Solto.
Capuani Bortolo, Tavernola.
Capuani Giovanni, Tavernola.
Caroli et Bruni, Sarnico.
Caroli et Bruni, Stezzano.
Carminati Giuliano, Sarnico.
Carpani Carlo, Treviglio.
Casari Angelo, Castro.
Casati Andrea, Cividate.
Cavalli Luigi, Villa di Serio.
Cerri Giovannina, Mozzanica.
Chiari Federico. Bergame.
Colleoni fratelli, Albino.
Cimbardi Alessandro, Canonica.
Combi Cesare, Villa d'Almè.
Cometti Gio. Battista, Romano.
Consonno Fortunato, Bergame.
Contini Santo. Cividate.
Corsi Gio. Battista, Martinengo.
Cortenovis Giacomo, Desenzano al Serio.
Crescenti Alessandro, Ranzanico,
Crescini Geremia, Predore.
Crippa Carlo, Treviglio.
Cuni Giovanni, Berzo S. Fermo.
Daina Enrico, Rota Fuori.
Daina Giacomo, Romano.
Daina Vincenzo, Rota Fuori.
De-Agostini Giovanni, Cologno.
De-Lorenzi Giuseppe, Fontanella.
Donadoni Ved. et Figli, Alzano Maggiore.
Fedreghini Giuditta, Sarnico.
Fedreghini Avv. Pietro, Sarnico.
Fenaroli Giovanni, Alzano Maggiore.
Fenili Alessandro, Palazzago.
Ferrari Giovanni, Treviglio.
Ferrari et Ceni, Brignano.
Finazzi Carlo, Romano.
Foresti Giacomo, Solto.
Foresti Sac. Pietro, Riva di Solto.
Foresti Sac. Pietro, Sarnico.
Fornoni Zaviero, Alzano Superiore.
Franzi fratelli fu Giuseppe, Alzano Maggiore.
Frizzoni, A. F., Alzano Maggiore.
Fuzier, F. L. B., Bergame.
Gafforelli fratelli, Caleppio.
Galavresi Giovanni, Caravaggio.
Galbiati Pasquale, Treviglio.
Galimberti Francesco, Treviglio.
Galimberti Giovanni, Trescore.
Gallina fratelli, Villa d'Adda.
Gavazzi fratelli, Ciserano.
Gavazzi fratelli, Vercurago.
Giambarini Ant. et fratelli, Bergame
Ghirardelli Marco, Gandino,
Gilberti fratelli, Gazzaniga.
Gloria Cte Gaspare et fratelli, Martinengo.
Gnecchi figli di G. A., Caprino.
Gonzenbach Barone Erminio, Trescore
Gonzenbach Barone Erminio, Gorlago.
Grasseni Giuseppe, Rosciate.
Gregori fratelli, Gandino.
Gregori Gio. Battista, Alzano Maggiore.
Grisa Giuseppe, Stezzano.

Gritti Carlo, Martinengo,
Gritti Pietro, Calcinate.
Guaitani Agostino, Calvenzano.
Guerini Abramo, Fiorano.
Guidotti Luigi, Spirano.
Guizzetti Andrea, Sovere.
Hoffmann et Weber, Caleppio.
Kinle et C^{a}, Alzano Superiore.
Lanzeni Giuseppe, Fornovo.
Lazzaroni et C^{a}, Treviglio.
Leporati Angelo, Martinengo.
Locatelli Fortunato, Treviolo.
Locatelli Gio. Battista, Villa d'Adda.
Locatelli Sac. Giuseppe, Almenno S. Bmeo.
Locatelli Luigi, Villa d'Adda.
Lozza Giacomo, Torre de' Busi S. Michele.
Lucchini Giovanni, Castro.
Maffeis Gio. Battista, Gazzaniga.
Malliani Pietro, Almenno S. Bmeo.
Manetti Andrea, Treviglio.
Mangili fratelli, Corte.
Mapelli Nob. Luigi, Locate.
Marchesi Basilio, Chignolo.
Marchetti Paolo, Calcio.
Martinelli Angela, Fiorano.
Martinoni Luigi, Riva di Solto.
Masserini fratelli, Gazzaniga.
Merati Giuseppe, Ponteranica.
Massina Luigi, Calvenzano.
Mazzola Domenico, Loreto.
Mazzoleni Bortolo, Zogno.
Milesi Daniele, Lovere.
Milesi Giuseppe, Urgnano.
Minelli Giovanni. Zorzino.
Mioni Luigi, Alzano Maggiore.
Monzini Gio. Battista, Bergame.
Mora Domenico, Borgo di Terzo.
Morandi Marina, Solto.
Moretti fratelli, Brembate Inferiore.
Moretti Gerolamo, Bergame.
Morganti Giuseppe, Corte.
Morlani fratelli, Azzano S. Paolo,
Moroni Gio. et figli, Presezzo.
Moroni Samuele, Ponte S. Pietro.
Musati Isidoro et fratelli, Piazza.
Mussita Dr Angelo, Caravaggio.
Nava Battista, Lovere.
Nembri Angelo, Calvenzano.
Nembrini Dr Giovanni, Calvenzano.
Nicolai Benedetto, Grumello del Monte.
Nicoli Giovanni, Caravaggio.
Paladini et Goretti, Casirate.
Parigi Avv. Andrea, Sarnico.
Pavoni Pietro. Alzano Maggiore.
Pedroni et Cavadini, Alzano Maggiore.
Pedroni et Cavadini, Urgnano.
Pellegrini Andreini Maria, Ponte S. Pietro.
Pezzera Francesco fu Matteo, Gazzuniga.
Piazzoni Nob. Gio. Antonio, Bergame.
Piccinelli fratelli, Seriate.
Piccioli Santo, Adrara S. Rocco.
Pio Cozzi et C^{a}, Canonica.
Plebani Gioachino, Grone.
Plebani Giulio, Vigano.
Possenti Guglielmo, Bergame,
Polini fratelli, Solto.
Radici Avv. Elia, Trescore,
Ranzanici Antonio, Solto.
Ranzanici Enrico, Solto.
Ravasio Cesare, Colognola.
Reduzzi fratelli, Calvenzano.
Risi fratelli, Zogno.
Rocchi Ippolito, Caravaggio.
Rolli Teresa ved. Corioli, Sarnico.
Rossi (G.G.), Villa di Serio.
Scarpellini Giuseppe, Zanica.
Scarpini Dr Giacomo, Covo,
Scarpini Paolo, Covo.
Schiepati Carlo, Calcio.
Schiepati Gio. Maria, Calcio.
Scola Alessandro, Vercurago.
Secchi Maria, Treviglio.
Siletti Rinaldo, Colognola.
Silvestri Gius. et fratelli, Sovere,
Simoni Luigi, Misano.
Sina Marco, Tavernola.
Sirtori et Scatti, Pontida.
Sozzi Gio. Battista. Caprino.
Spagliardi Ercole, Barzana.
Stampa fratelli, Ghisalba.
Steiner Dietelmo, Presezzo.
Steiner Gio. et figli, Corte.
Suardi fratelli, Ranzanico.

Tagli Giovanni, Adrara S. Martino.
Taglioni fratelli, Paladina.
Testa Gabriele, Gandino.
Testa Pietro, Gandino.
Tirloni D[r] Enrico, Mozzanica.
Torri Battista, Villa d'Adda.
Trabattoni Carlo, Alzano Maggiore.
Valli Elisa, Alzano Superiore.
Valzelli Giovanni. Borgo di Terzo.
Venanzi fratelli, Bergame
Ventura Michele, Fontanella.
Vergani fratelli, Pognano.
Vezzoli Giuseppe, Calcio.
Volpi Luigi, Zogno.
Zambelli Sorelle, Bergame.
Zanchi GioBattista, Bagnatica.
Zanetti Giacomo, Vigano.
Zatti Alessandro, Tavernola.
Zenti Pietro, Riva di Solto.
Zigliani Giacomo, Castro.
Zigliani Maurizio et fratelli, Lovere.
Zitti fratelli, Castro.
Zuppinger, Siber et C[a], Bergame.
Zuppinger, Siber et C[a], Albegno.

Mouliniers de soie.

Brembilla Giovanni, Cisano.
Briolini fratelli, Albino.
Briolini, Decio et fratelli, Gazzaniga.
Botti Rinaldo, Presezzo.
Bozzotti Cesare et C[a], Treviglio.
Bozzotti Cesare et Ce, Caravaggio.
Callegari Giovanni, Treviglio.
Cantù Gio. Battista, Corte.
Caroli Lodovico, Bergame.
Carpani Carlo, Treviglio.
Chiari Federico, Alzano Superiore.
Consonni Fortunato, Bergame.
Crippa Dalmazio, et Fratello, Calolzio
Crippa Paolo et fratelli, Calolzio.
Conti Francesco et C[a], Treviglio.
Cuminetti fratelli, Bergame.
Degani Francesco, Treviglio.
Deponti et Longoni, Romano.
Deponti Filippo, Treviglio.
Donadoni ved. et figli, Alzano Maggiore.
Fenaroli Giovanni, Alzano Maggiore.
Ferrari Giuseppe, Brignano.
Franzi fratelli fu Gius., Alzano Maggiore.
Franzi fratelli fu Gius., Nese.
Frizzoni A. F., Alzano Maggiore.
Fuzier F. L. B., Bergame.
Galbiati Pasquale, Treviglio.
Galimberti Francesco, Treviglio.
Giambarini Antonio et fratelli, Bergame.
Ginoulhiac Eugenio, Bergame.
Ginoulhiac Eugenio, Nembro.
Gnecchi figli di G. A., Bergame.
Gnecchi figli di G. A., Caprino.
Gonzenbech Barone Erminio, Trescore.
Gregori Gio. Battista, Alzano Maggiore.
Longoni Luigi, Treviglio.
Lozza Giacomo, Torre de' Busi.
Maggi Martino, Fontanella.
Mangili fratelli di Cristof, Corte.
Marietti fratelli, Canonica.
Martinoni Luigi, Sovere.
Mioni Luigi, Alzano Maggiore.
Monti Giovanni, Bergame.
Moretti fratelli, Bergame.
Moroni Gio. et figli, Presezzo.
Passerini Carlo, Bergame.
Pavoni fratelli, Alzano Maggiore.
Pedroni et Cavadini, Alzano Maggiore.
Pellicioli Luigi, Alzano Maggiore.
Pitiot Giovanni. Calolzio.
Redaelli Giuseppe, Treviglio.
Romeri Giovanni, Bergame.
Rossi G. G., Bergame.
Rossi G. G., Villa di Serio.
Stampa fratelli, Bergame.
Steiner Gio. et figli, Corte.
Taglioni fratelli, Bergame.
Testa Luigi, Treviglio.
Testa Paolo, Leffe
Trabattoni Carlo, Alzano Maggiore.
Valli Alessandro, Nembro.
Valli Giacomo, Bergame.
Valli Marco, Nembro.
Zanchi Enrico, Bergame.
Zanchi Giuseppe, Bergame.
Zuppinger, Siber et C[a], Bergame.
W. Schroeder et C[a], Osio Inferiore.

Négociants, commissionnaires en soie.

Berizzi Cav. Stefano, Bergame.
Biazzi Gaetano, Bergame.
Caroli et Bruni, Bergame.
Carozzi B. et Bagni, Bergame.
Cavallieri Costantino, Bergame.
Chiari Fed., Bergame.
Frizzoni A F., Bergame.
Fuzier F. L. B., Bergrme.
Giambarini Antonio et fratelli, Bergame.
Ginoulhiac Eugenio, Bergame.
Grangé Felice, Bergame.
Merati Giuseppe, Bergame.
Palvis Giuseppe, Bergame.
Pegurri Marco, Bergame.
Pesenti Luigi, Bergame.
Rossi G. G., Bergame.
Steiner Dietelmo, Bergame.
Steiner Gio. et figli, Bergame.
Valli Alessandro, Bergame.
Zuppinger, Siber et C^a, Bergame.

Négociants en déchets.

Bassetti Tobia, Romano.
Bonsaglia Gerolamo, Villa d'Adda.
Carminati Federico, Bergamo.
Cattaneo Giovanni, Bergamo.
Charbonnet Tagliana et C., Vertova.
Colnaghi Giuseppe, Canonica.
Crippa Lodovico, Bergame.
Fumagalli Giovanni, Bergame.
Locatelli Antonio, villa d'Adda.
Locatelli Gio. Battista, Villa d'Adda.
Locatelli Luigi, Villa d'Adda.
Mangili Gio. Battista, Bergame.
Merati Giuseppe, Bergame.
Moretti Ambrogio, Bergame.
Noyer Augusto, Boltiere.
Perico Francesco, Villa d'Adda.
Sozzi Luigi, Terno.
Vergani ved. et figli, Bergame.
Vicini Curzio, Villa d'Adda.

Marchands de graines ou importateurs de cartons.

Andreossi Enrico et C^a, Bergame.
Begnotti Alessandro, Bergame.
Berizzi Gio. Battista, Bergame.
Daina Ing. Francesco, Bergame.
Mangili Gio. Battista, Bergame.
Palvis Giuseppe, Bergame.
Ravelli Antonio, Bergame.
Sala Angelo, Bergame.
Sbarbaro Giovanni, Bergame.
Tasca Aristide, Bergame.

Fabricants d'ustensiles pour le moulinage et la filature de soie.

Bonanomi Carlo, Calolzio.
Cuminetti fratelli, Bergame.
Galli et C^a, Bergame.
Ghislandi Luigi, Bergame.
Guerini Ferdinando, Bergame.
Maggi Martino, Bergame.
Redaelli Giovanni, Calolzio.
Tornù Enrico, Bergame.
Valsecchi Bortolo, Calolzio.
Villa Daniele, Stezzano.

Fabricants d'étoffes de soie.

Graffelder Guglielmo, Treviglio.
Zambelli sorelle, Bergame.

Province de Brescia

BRESCIA

Commissionnaires et marchands de soie.

Benedetti.
Cadeo.
Feroldi (Enrico et frères).
Filippini.
Gaza.
Maffezzoli.
Magnocavallo.
Manelli.
Muzzarelli (P.).
Muzzarelli (A.).
Panserini.
Puech (Al.).
Sandrini et Rognoli.

Marchands de déchets.

Baebler.
Vigasio.

Filateurs et mouliniers.

Franchi frères et Ce.
Fortunato (Pietro fu Felice).
Puech (Al.).

Filateurs.

Ducos.
Franchi (A.).
Moro.
Serlini.

Divers

Filateurs et mouliniers.

Bonomelli, Iseo.
Cantoni, Goglione Sopra.
Cicongna frères, Palazzolo.
Corbetta frères, Chiari.
Costa, Rovato.
Cramer et Cᵉ, Palazzolo sur Oglio.
Franchi frères, Bartholomeo.
Fortunato (P.), Calcinato.

Filateurs.

Almici frères, Coccaglio.
Almici Zanoni, Chiari.
Andreoli, Evacagliato.
Barbera, Visano.
Barcella frères, Chiari.
Benesaglio, S. Eufemia.
Benedetti, Boffalora.
Bertoli, Pisogne.
Bertuetti, Soprapontе.
Biemmi, Goglione.
Bontenissi, Darfo.
Borghetti, Fiumicello.
Braga, Ziglioli et Montini, Gavardo.
Braga et Sorelli, Barghe.
Breda frères, Mantechiaro.
Bremmi, Goglione.
Brioni, Chiari.
Brognoli, Bedizzole.
Cadeo frères, Eragliato.
Camboni, Limone.
Cilla, Vertone.
Cimaschi, Fornaci.
Givati et Mazzini, Villanuova.
Colombo frères, Gavardo
Corna et frères, Pisogne.
Cramer et Cᵉ, Adro.
Crescenti frères, Ospitaletto.
Della Bianca frères, Paratico.
Depero, Fiumicello
De Vecchj (P.), Palazzolo.
Ducos, S. Eufemia.
Duina, Boragostollo.
Erba, Montechiaro sur Chiese.
Faita, Fiesse.
Fenaroli (conte), Passirano.
Ferante, Bagnole.
Ferreti, Iseo.
Fiorini, Gianico.
Fonteni, Sole Marasino.
Formenti, Iseo.
Framini, Mompiano.
Ghibellini, Gambera.
Ghirardi, Pontevico
Ghitti, Marone.
Giordani, Pisogne.
Girelli, Lonato.
Gitti, Gardone.
Gregorelli et Rosa, Iseo.
Guigni (F.), Sole Marasino.
Guigni (G.), Sole Marasino.
Guerrini (B.), Gardone.
Guerrini (G.), Gardone.
Guerrini frères, Iseo.
Iurelli frères, Sole Marasino.
Inselvini, Ospitaletto.
Lupini, Darfo.
Maffoni, Chiari.
Maj, Travagliato.
Malgheroni, Barbarigo.
Moraglio, Salzano
Martinelli, Botticino.
Martinelli (G.), Clusane.
Mazzocchi, Cocaglio.
Metilli, Berlingo.
Molteni, Carpenedolo.
Montini, S. Vigiglio.
Moretta frères, Gardone.
Moro (C.), S. Eufemia.
Nazzoni et Pugnara, Flesse.
Nespoli, Cocaglio.
Negrinelli (G.), Pisogne.
Negrinelli (L.), Sulzano.
Plevani, Iseo.
Poli, Montechiaro.
Raineri, Palazzolo.
Rasio, Calcinato.
Rigamonti, Montechiaro.
Rigamonti (C.), Montechiaro.
Rizzi, Pisogne.
Rosa, Acquafredda.
Rossi, Gardone.
Rota, Travagliato.
Rota frères, Chiari.
Sangolli, Vello.
Scarpetta, Chiari.
Sega frères, Fiumicello.
Semenca (L.), Verolanuova.
Serlini, Ospitaletto.
Tivolti, Sole Marasino.

Toli, Vello.
Tonoli, Gardone.
Trebeschi, Cellatica.
Vertua, Quinzane.
Vitalli, Clusane.
Vitti, Mairano.
Zamera, Botticino.
Zanardini, Pisogne.
Zanetti, Concesio.
Zani, Caccavero.

Mouliniers.

Camorelli, Palazzolo.
Civati, Villanuova.
Donner et Bauman, Palazzolo.
Muzarelli (P.), S. Eufemia.
Poli (G.-M.), Montechiaro.
Puech, Palazzolo.
Raffa, Lonato.
Raineri, soies à coudre, Palazzolo.
Schuller, Gavardo.

Province de Côme

COME

Marchands de soie.

Casnati.
Caduri.
Mauri.
Perlasca.
Scalini.
Turri.
Veronelli.
Vittani.

Fabricants de soieries.

Antonelli (A.).
Antonelli (F.).
Aliverti.
Balzarotti.
Brunati.
Baserga.
Bopponi.
Bellotti.
Bellasi.
Bernasconi.
Bernasconi, Stuecchi et Ce.
Bertolotti, Rampoldi et Ce.
Bianchi (P.).
Bianchi frères
Bonanomi (A.) fu Pietro.
Bragtenti.
Bressi et Ce.
Broggi et Ce.
Caccini et Ce.
Capiaghi.
Camagni et Gobbi.
Camoppi et Ce.
Casartelli.
Cantalupi Guiseppe et Ce.
Carcano, Lorenzo.
Casarico.
Carganico, Pictio et Ce.
Casartelli (G.).
Casartelli (P.).
Casnati, Carlo di Baso.
Casnati Francesco di Baso.
Casnati Gio, fu Ames.
Castagna, Seregni et Ce.
Catelli, Larghi et Ce.
Cavadini et Ce.
Cicardi.
Coduri, Gius de Darto.
Coduri et Noseda.
Corti.
Curioni.
De Rossi.
Dollar et Paleari.
Fasola.
Fasola Luigi fu Chérub.
Ferrario, Carlo.
Fossati, Lanzani et Ce.
Gaffurri, et Figlio.
Gatti.
Guaisa et Ce.
Livio et Ce.
Magni.
Martinelli et Casartelli.
Martinez, Nessi et Ce.
Mazzucchelli et Cantalupi.
Nessi, Ceruti et Ce.
Orsenigo.
Parravicini Peregrini et Ce.
Parravicini.
Pazzi (Angelo).
Pazzi (Picho).
Perlasia.
Pedraglio.
Pinchetti, Borghi et Ce.
Riva (P.).
Riva (N.).
Rodobalzarini.
Sironi.
Somarni.

Scalabrini.
Sucessori R. Fasola et Ce.
Suri.
Tagliabue, Guiseppe.
Trombetta, Salvatore.
Taroni.
Tasca Fratelli et Ce.
Tarriani et Puecher.
Vignola et Ce.
Villa.
Verga.

Filateurs à Côme.

Bernasconi.
Casnati (.A).
Casnati (C.).
Coduri Stampa et Ce.
Coduri, fratelli fu Tarla.
Cornaggia.
Ferrari.
Magni.
Mondelli (fils et beau fils de).
Nessi.
Pedroni Cavadini et Ce.
Perego.
Perlasca.
Wedenisoff.
Rospini frères, Cermente.
Salicci (credi di), Lenna.
Scalnii (G.), Limedo.
Scalini et Stampa, Camnago.
Scotti, Damaso.
Staël et Ce, Paré.
Stoppani, Menaggio.
Strada, Malerba et Ce, Buccinigo.
Tanji, Orsenigo.
Testa, Lembengo.
Ticozzi, Fenegro.
Triulzi, Tremezzo.
Turri, Camerlata.
Valaperta, Eraba.

CIRCONSCRIPTION DE COME.

Filateurs.

Andreani et Meraviglia, Menaggio.
Aureggi, Dongo.
Bazzi, Cantu.
Beretta, Bellagio.
Bernardoni, Binago.
Birnchi et Fumagalli, Lenna.
Biella Gera.
Brenna, Alserio.
Bressi et Ce, Ponte Lambro.
Cabiati, Inverigo.
Carugati, Musso.
Cattaneo, Gravedona.
Ciceri, Mariano.
Couzet, Incino.
Comallini et frères, Donazo.
Conca, Cremia.
Consonno, Alserio.
Corti, Camerlata.
Corti (P.), Paravicino.
Fasoli, Osuccio.
Gavazzi et frère, Bellano.
Gesner et Boni, Camerlata.
Keller (Alb.), Lenna.
Isaaco frères, Casletto.
Legnati, Tavarnerio.
Mancini, Dongo.
Marchetti, Cremia.
Marelli fu G., Cantu.
Misto, Binago.
Ohly et Ce, Ponte Lambro.
Orsenigo et frères, Camerlata.
Ostensi, Donato.
Palleari, Crevenna.
Peroni, Gravedona.
Pianezzi, Arosio.
Primavesi, Casnate.
Prina (Al.), Guanjate.
Prina (F.), Crevenna.
Pina (P.), Incino.
Reina (G,), Vill, Albese.
Reina (N. et L.), Vill, Albese.
Ripamonti, Nibiono.
Ronchetti frères, Arcellazzo.
Vassena, Palezzo.
Vecchi (Pasq. de), Gravedona.
Villa, Mariano.
Vitali (S. et E), Varenna.

CIRCONSCRIPTION DE VARESE.

Filateurs.

Adriano, Cunardo.
Besana, Cabiaglio.
Bianchi et Fumagalli, Arrate, Comerio et Casciago.
Bossi frères, Bodio.
Bozotti frères, Germignago.
Cauville (de), Valtravaglia.

Cesaris (de), Brenta.
Consonno (F.), Masnago et Lonate-Cippino.
Crivelli, Besozzo.
Fiaschini, Brenta.
Frigerio, Induno.
Giorgi (di), Comerio.
Leoni, Cabiaglio.
Ponzio et Ce; Varese.
Pozzi, Brenta,
Talacchini frères, Varese.
Venini, Brinzio.

CIRCONSCRIPTION DE LECCO.

Filateurs.

Agudio, Malgrate.
Alberti frères, Alorte.
Amati (G.-P.), Oggionno.
Amati (V.), Oggionno.
Amati (A.), Vagionno.
Bosisio, Molteno.
Brusadelli, Oggionno.
Cantu, Castello.
Ciceri (G.-B.), Valmadrera.
Corti frères, Lecco.
Crippa (G.), Olginate.
Crippa et frères, Olginate.
Crotti, Monbiello.
Ferrario (G.), Castello.
Frigerio et frères, Molteno.
Gallavresi, Castello.
Gavazzi (P.), Valmadrera.
Gavazzi frères, Valmadrera.
Gnecchi et frères, Garlate.
Keller (Al.), Mandello.
Manzoni, Caslino.
Monti frères, Rongio.
Nava et Gattinoni, Lecco.
Palleari (G.), Germanego.
Redaelli frères, Oggiono.
Riva (F.), Molteno.
Riva et frères, Castello.
Ronchetti, frères, Sala.
Rusconi (C.), Castello.
Rusconi (G.), Castello.
Sala, Castello.
Scatti (G.-B.); Lecco.
Scatti (T.), Castello.
Spreafico (G.), Rongio.
Spreafico (G.-B.), Laorca.

Ticozzi, Castello.
Vecchi (Pasq. de), Oggionno.
Verza frères, Canzo.
Vismara, Rongio.
Wedenisoff, Castello.

Province de Crémone

Filateurs et mouliniers.

Grasselli (A.-M. fu G.-B.), Vho.
Quaranta Giovanni, Crémone.
Ronchetti di P.-A., Casalbuttano.

Filateurs.

Bonati et Ce, Crémone.
Boschetti (F. fu Felice), Casalbuttano
Cornacchia (F. fu Carlo), Sonzina.
Corvi frères fu Luigi, Casalbuttano et Sonzina.
Gavazzi frères, Crémone et San Giovanni in croce.
Gnerri (C.), Crémone.
Grasselti (A.-F.), Piadena
Jaccini frères, Casalbuttano.
Lanfranchi frères, Crémone.
Meroni, Soncino.
Podesta et fils, Casalbuttano.
Rigolini frères, Casalmorani.
Rizzi (G.-B.), Crémone.
Rizzi (P.-A.), Crémone.
Rizzini (G. fu G.), Sonzina.
Strazza frères, Casalbuttano.
Teparoli, Crémone.
Viola (A. fu Paolo), Soncino.

Ancien royaume de Naples

Naples

Commissionnaires en soie.

Briollet, di Palma et Ce, Naples.

Filateurs.

Maresca, Pascal et Ce, San Leuccio, près Caserte.

Mouliniers.

Barbieri, S. Giorgio-Cremano.
Borelli (P.), Portici.
Califano, Sorrente.
Cappiello, Sorrente.
Castellani frères, Sorrente.
Ercole, Caserte.
Grausso, Caserte.
Jaccarino, Sorrente.

Ligueri (L.), Sorrente.
Liguori (M.), Sorrente.
Mandati, Caserte.
Maresca, Pascal et Ce, San Leuccio.
Marotti, Caserte.
Ruggiero, S. Giorgio-Cremano.
S[illegible], Sorrente.
Toraldi, Caserte.
Traini, Portici.

Tissus de soie.

Altamura, Naples.
Ascione, S. Giorgio-Cremano.
Balbi, Naples.
Barberi Naples.
Borelli (A.), S. Giorgio-Cremano.
Borelli (P.), et rubans, Portici.
Callet, rubans, Portici.
Farina, Naples.
Fiore, Naples.
Fragala frères, Naples.
Maresca, Pascal et Ce, San Leuccio.
Percuoco, Naples.
Privat, rubans, Naples.
Sallustro, S. Giorgio-Cremano.
Terelli, S. Giorgio-Cremano.

Fabricants de soie à coudre.

Mazolla et fils, Naples.
Rubinacci (M.), Naples.
Rubinacci (G.), Naples.

Environs de Naples

Filateurs.

Albano frères Angelis. (de).
Annaruma.
Annunziata.
Atianese.
Battaglia.
Bottone.
Brignoli.
Cecomo.
Centore.
Costanza.
Criscuolo (A.).
Criscuolo (P.).
Cutolo.
Ferraro.
Ferrigno frères.
Fusco frères.
Grannozio.
Grausso.
Mazzola.
Mandato.
Montefusco.
Noccrino.
Noti del Prete.
Olivieri.
Raja.
Rancci.
Ruggier.
Salerno.
Saputo.
Scognamillo frères.
Siti.
Stinca.
Toraldo.
Tortora (A.).
Tortora.
Traino.
Zeza.

Calabres

Filateurs.

D'Ajello.
Allegrini.
Arouna.
Baffi.
Barbieri.
Barone.
Bastone.
Berlingieri.
Bevivino.
Boscarelli.
Calcagno.
Campagna.
Capalbo.
Cardamone.
Carosella frères.
Casella et Leporini.
Castriota.
Cavallo.
Celia.
Cerbelli.
Cerbini.
Chiapetta.
Collice frères.
Conforte.
Carappi.
Corigliano.
Cricelli.
De Luca.
Demicco.
Fasanelli.

Fato.
Gazio.
Fiore (de).
Florio frères.
Forginele.
Gandiniero.
Gandio.
Gargiulo.
Giannone.
La Corte.
Lagana.
Lancelotti.
Leone.
Lo Faro.
Majera.
Mainieri.
Marincola.
Marzano.
Matagrano.
Melissari.
Miceli.
Mirabelli.
Minasi et Arlotta.
Nudi.
Padula.
Paglillo.
Palermo.
Palumbo.
Parlato.
Perrotta.
Pianelli.
Pisani (F.).
Pisani (M.).
Pietramale.
Plastrino.
Rendano.
Riccio.
Rizzo.
Ricciulli.
Ricucci.
Rognetta.
Quaglianona.
Quintieri (L.).
Quintieri (R.).
Quintieri (V.).
Semenga.
Santelli.
Sarlo.
Santova.
Satriano.
Silvagna.
Solimena.
Spada.
Stagliano.
Tancredi.
Teti.
Tocci.
Tosto.
Vaccaro.
Valenza.
Valitutti.
Zupi frères.

Province de Catane

Commissionnaires en soie.

Grassi (S.), Catane.
Matthey et Ce, Catane.

Fabricants de soieries.

Fragala frères, Catane.
Fragala (R.), Catane,
Grassi (S.), Catane.
Licciardello frères, Catane.
Ronsivalle, Catane.
Russo, Catane.
Zurria, Catane.

Province de Messine

MESSINE

Commissionnaires en soie.

Cailler, Walker et Ce.
Costarelli et fils.
De Luca.
Fischer frères.
Grill, Andreis et Ce.
Jæger.
Lœffler et Desgrand.
Oates et neveu.
Orlandi.

Filateurs.

Hallam (Thomas).
Jæger et Ce.

Romagnes, Légations et Duchés

Romagnes

Filateurs.

PROVINCE DE BOLOGNE

Alessandri et Ce, Bologne.
Bononcini, Bologne.
Colori, Pieve di Cento.
Godani, Pieve di Cento.

Gessi et Rizzoli, Pieve di Cento.
Govoni, Pieve di Cento.
Masina (Dlle), Bologne.
Melloni, Bologne.
Oppi, Bologne.
Rizzoli (C.), Pieve de Cento.
Rodondi, Pieve di Cento.

PROVINCE DE RAVENNE.

Diletti (D.), Brisighella.
Laghi, Brisighella.
Lega (Michel), Brisighella, commissionnaire en soies gréges pour les provinces de Pesaro, Fossombrone, Forli, Ravenne et de Toscane. Commissionnaire en déchets, importateur de cartons du Japon', confectionneur de graines reproduites (japonaises vertes et jaunes indigènes). Cette maison est une des plus anciennes de l'ex-Etat pontifical.
Livrani, Faenza.
Zuffi, Brisighella.

PROVINCE DE FORLI.

Bonavita frères, Forli.
Brusaporci, Meldola.
Castracana (conte), Rimini.
Ducci (veuve), Rimini.
Gardini et Ce, Rimini.
Gavatteni, Cesena.
Gnocchi frères, Forli.
Mazzi, Meldola.
Moschini et Calzolari, Cesena.
Ronchi Civo, Meldola.
Tintori, Rimini.

Commissionnaires en soies et déchets.

PROVINCE DE FORLI.

Bonavita, déchets, Forli.
Brusaporci, déchets, Meldola.
Giunchi, soies et déchets, Forlimpopoli.
Monti et fils, soies et déchets, Forli.

Province de Bologne

Benfenati et Ce, Bologne.
Massa (Fr.), déchets, Bologne.
Sanguinetti frères, Bologne.
Vitta Levi, déchets, Bologne.

Mouliniers.

Benfenati et Ce, Bologne.

Légations

Province d'Ancône

Filateurs.

Bellini frères, Osimo.
Briganti, Osimo.
Caraday, Osimo.
Diotasuti, Osimo.
Gresti et fils, Jesi.
Giorgetti, Osimo.
Giardinieri, Osimo.
Lardinnelli, Osimo.
Monarca, Jesi.
Simonetti, Osimo.

Commissionnaires en soie.

Beer et fils, Ancône.
Blumer et Jenny, Ancône.
Hotz, Ancône.
Lattes (les héritiers de), Sinigaglia.

Province de l'Ombrie

Filateurs.

Ascoli, Terni.
Cozza (Comte G.), Orvieto.
Paparoni, Terni.
Rossini, Terni.
Sorcini, Pérouse.

Province de Pesaro

Filateurs.

Giovanelli, Pesaro.
Guido, Urbania.
Magnani et fils, Pesaro.
Ripari, Fano.
Spinan, Pesaro.
Sponza, Pesaro.
Valazzi, Pesaro.

Duchés

Province de Modène

Filateurs.

Diena (M.-G.), Modène.
Diena (fu Jacob), Modène.
Salembeni frères, Modène.
Manzini, Modène.
Vittoni, Modène.

Province de Parme

Filateurs

Abbati, Parme.
Buzzolati frères, Borgo San Donino.
Ghia, Parme.

Montagna, Parme.
Pizzetti, Parme.

Province de Pise

Filateurs.

Acchiardi (d'), Pise.
Croce (della), Pise.
Fusi, Pise.
Masi, Pise.
Roncioni, Pise.
Ruschi frères, Pise.

Fabricant de rubans.

Brasotti, Pise.

Fabricants de velours.

Baili, Pise.
Lupi, Pise.

Province de Plaisance

Filateurs.

Genocchi, Plaisance.
Ghizzoni, Plaisance.
Pestalozza, Plaisance.
Perinetti, Plaisance.
Piatti et Ce, Plaisance.
Rege Savino, Fiorenzuola.
Ricci, Monticcelli.

Toscane

FLORENCE

Marchands de soie.

Bolaffi.
Cantini et Bergognini.
Forsi et Guadagni.
Givozzi.
Küntzel et Ce.
Poidebard (N.-J.).
Santi-Borgheri (A. de).
Scotti-Méjan.
Toggio.
Tozzi.

Fabricants de soieries.

Bartolomeoni.
Borgagni.
Fiorentino.
Lombardi (successeurs de).
Matteoni (successeurs de).
Sugheri et Ce.

Sienne

Filateurs.

Petrucci.
Nerli (les héritiers du marquis de).
Fieri (le comte).
Gori (le comte sénateur de).

Fabricants de soieries.

Francheschini (J.).
Lunghetti et fils.
Mazotti.
Nencini.

Prato

Filateurs.

Cecconi.
Carona (del).
Turchini.

Pistoie

Filateurs.

Arcangioli.
Bozzoli.
Civinini.
Grassi.
Mandori.
Montemagni.
Partacaldi.
Tesi.
Vannucci.

Pescia

Filateurs et mouliniers.

Cantini-Bergogni.
Scotti-Méjean.

Filateurs.

Bartholini.
Cechi (B.).
Cechi frères.
Forti.
Gentilini.
Giusti.
Magnani.
Papini.

Lucques

Filateurs.

Barzotti.
Fontana.
Franceschini.
Frugoli.
Gemminiani.
Giovanetti.
Gori et Ce.
Lenci.
Michelletti frères.
Niéri.
Pardi.
Pardini.

Pierotti.
Preti.
Sari-Barsi.
Vellutini.

Commissionnaire en soie.

Gori (L. et Ce).

Fabricant de soierie.

Bevilacqua.

Modigliana

Filateurs.

Candini.
Ciani.
Marotti.
Ravaglioli.
Ronconi.
Samori et Bandini.

Marradi

Filateurs.

Baldesi (F.).
Baldesi (J.).
Piani.
Bavagli.
Torriani.

Montevarchi

Filateurs.

Battagli.
Bandinelli.
Bianchi.
Cini (G.).
Grevi.
Maestrelli.
Roncinell.
Sgheri.

Divers

Filateurs.

Ankuri, Borgo Buggiano.
Batti, Borgo san Lorenzo.
Bernardi frères, Borgo Buggiano.
Bonarcorsi, Tredogio.
Calabri, Fortico.
Cappani, Reggello.
Carrava-Cardossi, Barga.
Casini, Pelazo.
Ciapetti, Castel Fiorantino.
Cojari, Fivizzano.
Conti, Borgo Buggiano.
Crestini, Sinalunga.
Faibrini, Viechio.
Faina, Villa Basilica.
Fantini, Tredogio.
Formigli, Viechio.
Francioni, Strada.
Fossi et Bruscoli, Sesto.
Fraissineto (il comté), Arezzo.
Frateschi, Cascina.
Ghezzi, Sinalunga.
Giannini, Castel Fiorentino.
Ginnesi, Fivizanno.
Ciovani, Strada.
Giovanoli, Castel Nuovo.
Griffoli (sénateur), Luciguano.
Guiducci, Avezzo.
Lombezzi, San Loporello.
Magni, Villa Basilica.
Marsili, Foppi.
Masi, Capanoli.
Massi, Monterchi.
Monti, Borgo San Lorenzo.
Mordini, Barga.
Nicolaï. Castel Focognano.
Pagni, Borgo Buggiano.
Picolomini, Sinalunga.
Pucci, Barga
Pucci (G.), San Casciano.
Ramani, Borgo Buggiano.
Rasci, Pontassière.
Rippa (della) Rovezzano.
Romanelli, Castel Focognano.
Sandrucci, San Casciano.
Sanleonini, Bruccine.
Tani, Reggello.
Teoli, Castel Focognano,
Tosi, Villa Basilica.
Vittoni, Castel Nuovo.

Ancienne Vénétie

Province de Venise

Négociants en soie.

Aguino frères.
Battagia.

Fabricants de velours.

Sartori frères.

Province de Vicence

Filateurs et mouliniers.

Caffarotto et Peserico, Vicence.
Crotta, Tezze di Bassano.
Dalla Pozza, Vicence.
Girardi, Nove.
Setificio Creazzo, Vicence.

Vaccari et fils, Vicence.
Zatta (V.), Campolongo sul Brenta.

Filateurs.

Agosti, Montecchio Maggiore.
Avogadio, Rossano Veneto.
Balestro (A.), Montecchio Maggiore.
Balestro (G.), Montecchio Maggiore.
Bertinato, Montecchio Maggiore.
Berton, Bassano.
Bellotti, Noventa Vicentina.
Biasiolo, Arzignano.
Bisson, Noventa Vicentina.
Borghero, San Orso.
Borroni, Lonigo.
Bovo, Noventa Vicentina.
Brion, Tezze.
Brotto, Tezze.
Bussin, Zane.
Cafetta, Vicence.
Canton et fils, Vicence.
Castaman, Arzignano
Cavedon, Malo.
Cengia, Valdagno.
Chiericato, Campiglia di Berici.
Colpi, Marostica.
Concato; Arzignano.
Contessa, Tesse.
Coriele, Malo.
Creazzo frères, Lonigo.
Dalla Vecchia et fils, Arzignano.
Dalla Zuarina di G., Rossano Veneto
Dal Masso, Chiampo.
Dalla Vecchia (P.), Arzignano.
Dalle Aste, Malo.
De Bortoli, Bassano.
Ferrin, Lonigo.
Finozzi, Malo.
Frighetto, Arzignano.
Friziero, Valdagno.
Frizzo, Arzignano.
Gasparini, Arsiero.
Giulani (F.), Valli.
Giulani (G.), Arzignano
Graziani, Malo.
Gregorini, Vicence.
Maelo, Malo.
Majolo, Montecchio Maggiore.
Marchesini, Chiampo.
Marchi, Arzignano.
Martini, Bassano Veneto.
Massari, Vicence.
Miante, Campiglia di Berici.
Micheletto, Lonigo.
Mistrorigo, Chiampo.
Mischio, Dueville.
Monchero, Tezze.
Motterse, Arzignane.
Nascimbeni, Arzignano.
Ongaro, Isola di Malo.
Poli Picoli (D^{lle}), Magre.
Regginato, Bassano Veneto.
Rosa frères, Lonigo.
Rosa (F.), Montebello.
Rossi et Ongaro, Male.
Rosso, Valli.
Sacchiero, Arzignano.
Sartori, Isola di Malo.
Scarcerle, Thiene.
Scorzato, Malo.
Sessio et Pivato, Vicence.
Simonti et Faggian, Vicence.
Somaglo, Bassano.
Tacchi, Vicence.
Tadiello, Vicence.
Vaccari, Bassano.
Veronese, Arzignano.
Zampieri, Marostica.
Zattera, Malo.
Ziliotto, Arzignano.
Zotta et frères, Noventa Vicentina.

Mouliniers.

Casarotto et Pesenco, Vicence.

Commissionnaires en soie.

Angelini, Vicence
Bianchini, (G.), Vicence.
Brunelli, Vicence.
Busnelli frères, Vicence.
Cafetta, Vicence.
Casarotto, Vicence.
Dalla Pozza, Vicence.
Fontanive et Langhi, Vicence.
Fanton, Vicence.
Gregorina, Vicence.
Maruzzi, Vicence.
Mischio (A), Vicence.
Mischio (T.), Vicence.
Panmartin, Vicence.

Négociants en déchets.

Bianchini (G), Vicence.
Castaman, Vicence.

Mescola, Vicence.
Vigasio, Vicence.

Filateur de déchets.

Marini et Ce, Zugliano.

Fabricant d'étoffes de soie.

Levis, Vicence.
Gasparoni, Vicence.
Massari, Vicence.

Province de Vérone

Filateurs et mouliniers.

Scatti, Castelnuovo.
Turri, Vérone.

Filateurs.

Bertoli, Erbe.
Cacciatori, S. Gio Lussatolo.
Coltrani, S. Pietro, di Legnago.
De Battisti, Cologna.
De Mori et frères, Isola della, Scala.
Fagliaferri et Ce, Cologna.
Faldoni, S. Pietro di Legnago.
Farsello, Cologna.
Gaspari, Pressana.
Giavoni, Pressana.
Lorenzoni, Isola della Scala.
Maccacaro, Vérone.
Maggioni et Ce, Legnago.
Papasso et Ce, Cologna.
Perbellini, Illasi.
Poggi, Vérone.
Renica, Isola della Scala.
Societa di Cologna, Cologna.
Vanzetti, Albaredo.
Vassanelli, Vérone.
Zavatter, Isola della Scala.

Mouliniers.

Angeli, Vérone.
Arvedi, Vérone.
Pellegrini, Vérone.
Pialti, Vérone.
Salvolti frères, Vérone.
Silvestri frères, Vérone.
Vicentini, Vérone.

Négociants en soies et déchets.

Angeli, Vérone.
Delai (V.), Vérone.
Fumagalli, déchets, Villafranca.
Gnecchi, Vérone.
Mesarolli, Villafranca.
Nicolis, déchets, Vérone.
Pellegrini, Verone.
Pinali, Vérone.
Spellini, Villafranca.
Sperandio et Ce, Vérone.
Spezia et Scanzi, déchets, Vérone.
Vicentini. déchets, Vérone.
Yung Bassani, déchets, Vérone.

Province de Trevise

Filateur et moulinier.

Piva, Valdobbiadine.

Filateurs.

Adami, Levadina.
Ancilotto (A.), S. Lucia.
Ancilotto (G.), S. Lucia.
Antonini, Dosson.
Balbi Valier, Pieve di Poligo.
Battaglia, Moriago.
Benetti, Conegliano.
Benedetti, Godega.
Berizzi. Mogliano.
Bidoli, Conegliano.
Blascovish, Noale.
Bonaldi, Noale.
Bonfadini, Maserada.
Bricito, Spreciano.
Brisolto, Varzola.
Calzovara, Levada.
Carogioni frères, Vidor.
Ceresa, Carpenedo.
Dal Fiol, Fezze.
Dal Canton, Alanno.
Dalla Bianca, Varzola.
Fabris, Conegliano.
Fano, Conegliano.
Favaro, Montebelluno.
Finadri, Segusino.
Fontanin, Mestre.
Franceschini, Vittorio.
Garbriso, Montebelluno.
Gentili, Vittorio.
Gerra (F. et P.), Conegliano.
Ghirardi, Salgareda.
Gobbato frères, Volpago.
Gobbato (G.-B.), Onigo.
Guernieri, Feltre.
Lattes, Istrano.
Lazzari, Spressiano.
Liviero, Noale.
Lucheschi, Vittorio.
Luvotelli, Spressiano.
Mareato, Crocetta.

Marsoni, Vittorio.
Miani, S. Polo.
Montini frères, Castelfranco.
Moretto (A.), Maserada.
Moretto (G.), Zenson.
Nardari, Vittorio.
Nardi, Ciano.
Nardo, Pieve di Soligo.
Negretto, Lovadina.
Panigai, Nervesa.
Papaoda, S. Polo.
Pasqualetto, Spinea di Vestre.
Prosdocimo, S. Neduna.
Querini, Salgaredo.
Ruzzini, Lancenigo.
Toffoli, Soligo.
Vianello, Salgaredo.
Violetto, Nervesa.
Zadra frères, Vidor.
Zannini, Osago.
Zilli, Fontanafredda.

Commissionnaires en soies et déchets.

Bidassio, Conegliano.
Canella, Trévise.
Olivi, déchets, Trévise.
Piva, Valdobbiadine
Sbrojavacca, déchets, Conegliano.
Simeoni, déchets, Trévise.
Siremin, Conegliano.
Zadra frères, déchets, Vidor.

Province de Padoue

Filateurs et moulinniers.

Vaccari. Piazzola sul Brenta.
Zatta (Vincenzo), Padoue, usines à Mottinello et Compese, 140 bassines ; production annuelle : filature, 3.500 kilogr., moulinage, organsins 6,000 kilogr., trames 2,000 kilogr. Spécialité de soie blanche. Sept médailles aux expositions.

Filateurs.

Agostini, S. Martini di Lupari.
Bertini, Cittadella.
Bressan, Camposampiero.
Brotto, Teolo.
Busetto, Villafranca Padovana.
Calzavara, Piombino Dese.
Cecconi, Camposampiero.
Chiatto, Camposampiero.
Checchini, Campodarsego.
Dal Pos, Camposampiero.
Donato, Battista di Piove.
Eberle, Montagnana.
Eredi di Abr. Cases, Limeno.
Fabbro Detto Marchi, Piazzola sul Brenta.
Fabris, Cittadella.
Franchetti, Cittadella.
Fuga, S. Martini di Lupari.
Fineo, Campo S. Martini.
Giacomazza, S. Martini di Lupari.
Giacomelli, Camposampiero.
Grelli, Montagnana.
Jurassa, Padoue.
Livierc, Cittadella.
Malestata, Cittadella.
Manfrin, Montagnana.
Marchesini, Montagnana.
Marini, Montagnana.
Mazzonetto, Campo S. Martini.
Olivi, Cittadella.
Panezzoni, Cittadella.
Passerin, Cittadella.
Petraccini, Cittadella.
Petrin, Cittadella.
Pinton, Pianiga.
Pirru, Camposampiero.
Pugnalin, Camposampiero.
Sabbadin, Cittadella.
Saetta, Ponte di Brenta.
Salazzi, Cittadella.
Sandro, S. Martini di Lupari.
Scolari, Pionea.
Sartori, Padoue.
Segala, Cittadella.
Simioni (A.), Cittadella.
Simioni (G.), Camposampiero.
Smania, Cittadella.
Societa Filoserica, Padoue.
Solda, Este.
Stocco, S. Martini di Lupari.
Tiozzi, Lozzo Atestino.
Torri, Piombino Dese.
Tosato, Montagnana
Trieste frères fu B., Monselice.
Turazza, Albignasego.
Turco, Camposampiero.
Vianello, Galliera Veneta.
Zanetti, Battista di Piove.

Zanoni fu G. M., Cittadella.
Zara, Camposampiero.
Zoppei, Carrava S. Giorgio.

Commissionnaires en soies et déchets.

Eredi di Abr. Cases, Padoue.
Giandominici, déchets, Padoue.
Jacus (M. V.), Padoue.
Sacerdotti, Padoue.
Scolari, Padoue.
Tossoni et Cigolotti, déchets, Padoue.
Trieste, Padoue.
Zatta (V.), Padoue.

Province d'Udine

Filateurs.

Agosti (A.), Udine.
Agosti (B.), Segnali.
Antonini, Maniago.
Armellini fu L., Tarcento.
Armellini fu G., Tarcento.
Artico, Brugnera.
Bagattini, Prata.
Ballarmi, Palmanova.
Ballico, Udine.
Battistella, Spilimbergo.
Bearzi (G.), Rivignano.
Bearzi frères, Claujano.
Bellavitis, Caneva.
Besa, Budoja.
Beltramo, Latisana.
Bieri, Cividale.
Bonanni, Udine.
Bortolotti, Ragogna.
Braida, Bagnarolla.
Breda, Fontana Fredda.
Brusadini, Pordenone.
Brunetta, Arzano.
Brunichi, Mortegliano.
Burelli (A.), Fagagna.
Burelli (P.), Fagagna.
Busolini, Manzano.
Candiani, Sacile.
Cargnelli, S. Vito.
Catarussi (G.), Bertiolo.
Catarussi (G.), Bertiolo.
Cavarzerani, Caneva.
Ceconi, Gemona.
Centazzo, Prata.
Chiaradia (B.), Caneva.
Chiaradia (D.), Caneva.
Chiaradia (S.), Caneva.
Cigania, Codroipo.
Ciriani, Pzinano.
Clemente, Dignano.
Coffoll, Pordenone.
Coloretti, Mortigliano.
Comparetti, Pasiano.
Concini, Artegna.
Corazza, Sacile.
Cornelutti, Fontana Fredda.
Cossettini, Montereale.
Cozzi, S. Vito.
Crainzi, Udine.
Croato, S. Giorgio.
Cucovazi, Cividale.
De Carli, Brugnera.
De Cian, Gemona.
Del Colle, Moggio.
Deganutti, Buttrio.
Del Fabbro, Moggio.
De Gaspero frères, Varmo.
Della Donna frères, Valvasone.
Del Moro, Suttrio.
De Paulis, Bertiolo.
Dessenibus, Cividale.
D'anese, Spilimbergo.
Di Bernardo, Cavasso.
Egregis, Latisana.
Ellero, Tricesimo.
Eredi di Marchi, Aviano.
Faccini, Magnano.
Fadelli, S. Vito.
Faelli, Arba.
Fanna, Cividale.
Feruglio, Udine.
Filiputti, Palmanova.
Foenis, Cordenonsi.
Foramiti, Moggio.
Foramiti, Cividale.
Franceschini, Casarsa.
Fassanchini, Sequals.
Freschi et Ce, Cordovado.
Freschi (G.) et Ce, Ramuscello.
Galvani frères, Cordenonsi.
Gastaldo, Forgaria.
Gennari, Pagnacco.
Gilli, Fontana Fredda.
Gonano frères, Dignano.
Gori, Rivignano.
Granzotto, Sacile.

Grillo, S. Martino.
Hirschel, Precenico.
Kekler; Venzone.
Iseppi, S. Vito.
Lanfriti, Spilimbergo.
Lisso, Valvasone.
Locatelli, Buttrio.
Lorenzetti, Sacile.
Lorenzutti, Aviano.
Luccardi, Bertiolo.
Luzzatto, Goricizza.
Maddalozzo, Varmo.
Magri, Pordenone.
Marchi, Fanna.
Marcolini (D.-G.), Zoppola.
Marcolini (L.), Pordenone.
Martina, S. Daniele.
Marotti, Pozzuolo.
Massignani, Polsenigo.
Mazzoni, Caneva.
Menassi, Pozzuolo.
Menegazzi, Aviano.
Mileri, Pordenone.
Mongiati, Spilimbergo.
Montegnacco, Tricesimo.
Morelli. Undine.
Morgante, Torcento.
Moro, Casarsa.
Nasoni, Pordenone.
Nordis, Cividale.
Nussi (F.), Cividale.
Nussi (C. T.), Cividale.
Oliva, Porcia.
Ongaro, Zugliano.
Ostani, Cordenonsi.
Ostelli et Ce, Arũs.
Perdernelli, Sacile.
Padovani, Caneva.
Paleri, Udine.
Pancino, Varmo.
Paolini, Formeaso.
Parussatti, Latisana.
Paruzza, Udine.
Pascatti, S. Vito.
Pasqualini, Latisana.
Pecile, S Giorgio.
Pellegrinetti, Sacile.
Piai, Palmanova.
Piazza, Aviano.
Pilosio frères, Tricesimo.
Piovesana, Sacile.
Priva, Vilatta.
Pividori, Tareento
Plateo (L.), Maniago.
Plateo (G.), Fanna.
Poletti, Sacile.
Policretti, Aviano.
Ponti frères, S. Martino.
Pontoni, Premariacco.
Porcia et Ce, Porcia.
Prampero, S. Martino.
Puppatti, Udine.
Rizzolatti, Pinzano.
Roi, Codroipo.
Rosa, Maniago,
Rossi, Maningo.
Rota et Ce, S. Vito.
Bubini (E.), Udine.
Rubini (V.), Udine.
Sabbadini, S. Giorgio.
Saccomani, Zoppola.
Sacchi, Meduno.
Salice et frères, Porcia.
Santorini, Spilimbergo.
Sartori, Sacile.
Sbuetzi, Tricesimo,
Scala, Udine.
Simoni, Spilimbergo.
Sonvilla, S. Daniele.
Spangari, Palmanova.
Stringaro, Venzone.
Tamburini, Amaro.
Toffoletti, Pordenone.
Toffoletti (G.-B.), Tarcento.
Tommasoni frères, Udine.
Toncelli, S. Martino.
Torne, S. Vito.
Travani, Azzano.
Trojani, Majano.
Valoppi, Spilimbergo.
Vatri, Varmo.
Vegnaduzzo, S. Vito.
Venieri, Ledegliano.
Viali, S. Vito.
Vida, Valvasone.
Zamolo, Tolmezzo.
Zecchini, Maniago.
Zilli (F.), Fontana Fredda.
Zilli, Porcia.
Zuccaro, Sacile.

Zuccaro, S. Vito.
Zuccheri, S. Vito.

Mouliniers.

Bianchi, Udine.
Carrara, Udine.
Levis, Udine.
Mestron, Tricesimo.
Puppatti (Giovanni), Udine.
Rota, Udine.
Schiavi, Udine.
Tisiotti, Udine.
Zuccheri (P-G.), Udine.

Filateurs et mouliniers.

Agosti (A.), Udine.
Brunichi, Udine.
Feruglio, Udine.
Foramiti (E.), Cividale.
Kechler (C.), Vensone.
Morelli, Cividale.
Puppatti (Giacomo), Udine.
Rubini (V.), Udine.
Santorini, Spilembergo.
Tommasoni frères, Udine.

Commissionnaires en soie et déchets.

Agosti, Udine.
Berghinzi, Udine.
Bertuzzi, Udine.
Bonnani fu Angelo, Udine.
Brunichi, Udine.
Della Mora, Udine.
Kechler (C.), Udine.
Levis, Udine.
Locatelli, Udine.
Luzzatti (G.), Udine.
Luzzatti (L.), Udine.
Mestroni, Udine.
Paruzza, Udine.
Peressini et Mazzaroli, Udine.
Puppatti (Giacomo), Udine.
Puppatti (Giovanni), Udine.
Rubini, Udine.

SUISSE

Postes.

Lettres ordinaires par 10 grammes.	30 centimes.
» chargées, droit fixe.	40 »
Echantillons par 40 grammes.	05 »
Imprimés par 40 grammes.	05 »

Télégraphes.

Dépêche simple.	3 francs.

Poids et monnaies.

Les poids et monnaies d'après le système décimal français.

Canton d'Argovie

Mouliniers et retordeurs.

Brennwald fils, Oftringen.
Grossmann et Ce, Aarau.
Schmuziger (L.), Aarau.

Fabricants de rubans et étoffes.

Feer et Ce, Aarau.
Frey frères, Aarau.
Herzog et Ce, Aarau.
Schappy, Aarau.
Schmuziger (L.-F.), Aarau.

Canton de Bâle.

Négociants en soie.

Asch, Bâle.
Amans (H. et C.), Bâle.
Arlès-Dufour et Ce, Bâle.
Bard, Woringer et Ce, Bâle.
Dœlli, Bâle.
Fleiner père et fils, Bâle.
Hosch et Laroche, Bâle.
Kœchlin-Burchardt, Bâle.
Linder et Courvoisier, Bâle.

Peter, Bâle.
Preiswerck et fils, Bâle.
Weber, Bâle.

Déchets de soie.

Burckhardt et Dreyfus, Bâle.
Meyer (L.), Bâle.

Soies à coudre.

Engisch et Ce, Bâle, maison à Lyon rue des Capucins, 13, fabrique de soies à coudre, teintes et écrues, soies fantaisies pour passementeries et dentelles.

Fabricants de rubans.

Bachofen et fils, Bâle.
Bary (de) et fils, Bâle.
Bernouilli, Bâle.
Burkardt et Wild, Bâle.
Fichter et fils, Bâle.
Forcart-Weiss, Bâle.
Frey-Thurneisen et Christ, Bâle.
Freyvagel, Gelterdkingden.
Kern et fils, Bâle.
Linder, Bâle.
Hoffmann, Bâle.
Horrandt et fils, Bâle.
Iselin et fils, Bâle.
Meyer et Ce, Bâle.
Preiswerck et Ce, Bâle.
Preiswerck (L.), Bâle.
Richter-Linder, Bâle.
Sarazin et Ce, Bâle.
Sarazin (J.-F.), Bâle.
Stæhlin, Bâle.
Sulger et Ce, Bâle.
Trudinger et Ce, Bâle.
Von der Mulh-Berger et Ce, Bâle.

Fabricant d'étoffes de soie.

Von der Mulh frères, Bâle.

Mouliniers et négociants en déchets.

Veillon, Chancel et Alliot, Grellingen.

Filateurs.

Fichter et fils, Sissach.
Schwartz et Hermann, Liestal.

Canton de Berne

Mouliniers

Hirtz et fils, Meyringen.
Hurlemann, Meyringen.

Fabricants de soieries.

Born, Moser et Ce, rubans, Herzogenbuchee.
Tissage mécanique (spécialité pour parapluies et ombrelles, ci-devant J.-D. Simon', E. Simon, directeur à Berne.
Wirz et Schæffter, Burgdorf.

Canton de Glaris

Mouliniers et retordeurs

Trumpy frères, Glaris.
Trumpy jeune et Ce, Glaris.

Fabricants de soieries.

Stussy (J.-R.), Glaris.

Canton de Lucerne

Mécaniciens pour la manufacture des soies.

Bell frères, Lucerne.

Filateurs.

Moos (von), Lucerne.
Rothen, Lucerne.

Fabricant de rubans.

Martin-Nigg, Lucerne.

Canton de Neuchâtel

Commissionnaire en soieries.

Ronco, au Locle.

Canton de St-Gall

Filateurs.

Merian et Ce, Thal.

Fabricants.

Schubiger (E.), Utznach.

Canton de Schwitz

Filateurs de fleurets

Camezind (G.-L.), Gersau.
Camezind frères et Ce, Gersau.
Camezind et fils, Gersau.

Canton du Tessin

Cardage de soie et négociants en soie

Flogiardi, Magadino.
Toricelli et Lurati, Lugano.

Filateurs.

Bonzenigo frères, Bellinzona.
Paganini et Molo, Bellinzona.

Canton de Thorgovie

Mouliniers.

Egli et fils, Hauptwelt.
Guggenbulh, Frauenfeld.

Canton d'Uri

Moulinier.

Beblé-Buhler, Altorf.

Canton de Zurich

Marchands de soie.

Appenzeller-Gaspard, Zurich.
Bodmer (H.), Zurich.
Bodmer frères, Zurich.
Brœndli et Arter, Zurich.
Landolt et Fasi, Zurich.
Meiss Reinhart, Zurich.
Meyer (Melchior), Zurich.
Muralt (Jean-Conrad) et fils, Zurich.
Muralt (H.), et Daniel fils, Zurich.
Oschwald, Zurich.
Pestalozzi-Hirzel, Zurich.
Rugg-Blass, importeur de soies asiatiques, Zurich.
Staubli (Th.), Horgen.
Sieber-Waser, importeur de soies asiatiques, Zurich.
Steiner et Ce, Zurich.
Usteri-Muralt et Ce, Zurich.
Zuppinger, Sieber et Ce, Zurich.

AGENCES.

Grebel et Lavater, Zurich.
Heusser et Ce, Zurich.
Neumann (D.), Zurich.
Ochsner-Wohrlf, Zurich.
Seeburger (Arlès-Dufour), Zurich.
Stettler et Ce, Zurich.

Mouliniers (trames et soie à coudre.)

Appenzeller-Gaspard, Zurich.
Bar-Spinner, Rifferswell.
Baumann aîné et Ce, Zurich.
Beder, Kern et Ce, Neumunster.
Bosshard frères, Bauma.
Burkli frères, Zurich.
Dursteler (J.), Wetzikon.
Egli et Ce, Bauma.
Guggenbuhl, Neugut-Wallisellen.
Hauser et Biedermann, Altstetten.
Heitz-Weber, Staefa.
Krebser (H.), Aussersel.
Mulalt (Henry), de Daniel et fils, Zurich.
Naf frères, Pfaeffikon.
Schappi Erlenback.
Sporri-Waldner, Neumunster.
Weiss (R.), Illnau.
Zinggeler (R.), Richtersweil.

Marchands de bourres de soie.

Bleuler, Zollikon.
Bœbler frères, Zurich.
Burkhardt (C.-J.), Zurich.
Hegetschweiler et Ce, Zurich.
Scherb (agence), Zurich.
Stolz (C.), Zurich.

Filateurs de schappe.

Bindschedler (A.), Uster.
Brennwald, Hombrechtikon.
Escher (G.), Zurich.
Hauser et Ce, Embrach.
Hotz frères, Meilen.
Zuppinger (H. de G.) et Ce, Hombrechtikon.

Commissionnaires en soieries.

Abegg, Zurich.
Andreœ (O.), Zurich.
Badois (A.), Zurich.
Baumann-Zurrer, Zurich.
Bertaux-Radon, Zurich.
Dietze (G.), Zurich.
Fasi (J.-F.), Zurich.
Félix et Ce, Zurich.
Hodieux, Zurich.
Honegger et Lavater, Zurich.
Krayen, Wunderlich et Ce, Zurich.
Kutter-Luckemeyer et Ce, Zurich.
Malher (H.), Zurich.
Matthey (G.-A.), Zurich.
Meyer (J.) junior, Zurich.
Person, Harriman et Ce, Zurich.
Rubel et Abegg, Zurich.
Ruegg-Blass, Zurich.
Saender et Siecke, Zurich.
Seemann (G.), Zurich.
Suter (A.), Zurich.
Warburg (R.) et Ce, Zurich.

Fabricants de soieries.

Arbenz (J.), Richtersweil.
Bar-Spinner, Riffersweil.
Baumann et Streuli, Horgen.
Baumann aîné et Ce, Zurich.
Bischoff et Reinhardt, Zurich.
Bleuler et Keller, Kusnach.
Bodmer (H.), Zurich.
Bodmer et Hurlimann, Zurich.
Bodmer-Finsler, Zurich.
Bosshard (J. J.), Bauma.
Brunner (H.), Zurich.

Burkhardt (J.), Horgen.
Burkhardt-Weiss, Horgen.
Corrodi et Thommann, Zurich.
Egli et Sennhauser, Hirslanden, près Zurich.
Fabrique de soieries mécanique, à Adlisweil, près Zurich.
Fabrique de soieries mécanique, à Wintherthur.
Finsler (G. et R.), Zurich.
Forrer-Biedermann, Winterthur.
Gessner (A.), Wadensweil.
Gossaner, Hirsclanden.
Guyer-Wettstein et Ce, Bussikon.
Hardemeyer frères, Richtersweil.
Hirzel Schulthess et Ce, Zurich.
Hitz et fils, Ruschlikon, près Zurich.
Hohn et Staubli, Horgen.
Homberger frères, Wetzikon.
Honneger (H.), Wollishofen, près Zurich.
Hotz (F.) et Ce, Barentsweil.
Hotz frères et Ce, Thalweil.
Kagi, Fierz et Ce, Kusnach, près Zurich.
Kœnigs et Ce, Zurich.
Meyer frères, Zurich.
Muller (H.), Wetzikon.
Naf (J.-R.) et fils, Zurich.
Nageli et Ce, Horgen.
Nœgely et Wild, Zurich.
Notz et Diggelmann, Zurich.
Pestalozzi (H.), Zurich.
Reiff-Huber, Enge, près Zurich.
Ritter et Pestalozzi, Hottingen, près Zurich.
Roth (G.), Hirslanden.
Ruegg-Hertz et Ce, Zurich.
Rutschi (S.) et Ce, Zurich.
Ryffel et Ce, Stafa.
Scharer (C.), Ebertochweil-Hausen.
Scharer (R.), Hausen.
Scharer et Ringger, Hausen.
Schroder et Ce, Zurich.
Schmid frères, Thalweil.
Schwarzenbach (J.-J.), Kilchberg.
Schwarzenback-Landis, Thalweil.
Schwarzenbach-Suter, Thalweil.
Stebli-Hausheer et fils, Zurich.
Stapfer (le fils de J.), Horgen.
Stapfer-Huni et Ce, Horgen.
Stocker (F.) et Ce, Zurich.
Stocker (J.-C.). Zurich.
Streiff et Ce, Zurich.
Stunzi et fils, Horgen.
Suremann et Ce, Meilen, près Zurich.
Syfrig (J.-J.), Metmenstetten.
Thomann et Strenli, Zollikon.
Werdmuller-Stocker, Wetzikon.
Welti et fils, Oberrieden.
Widmer, Stafa.
Winkler, Schwerzenbach.
Wirz et Ce, Richtersweil p. Zurich.
Zeller et Ce, Balgrist-Zurich.
Zinggeler frères, Wadensweil.
Zeuner et Huni, Zurich.
Zurrer (J.), Hausen.

Teinturiers.

Blatter et fils, Riesbach.
Hanpt, Mannedorf.
Hensler, Zurich.
Koch (J.-G.), Zurich.
Schwarzenbach et Weidmann, Thalweil.
Schmid et Bodmer, Zurich.
Reutlinger frères, Zurich.
Zeller, Zurich.
Zwald frères et Ce, Horgen.

DE L'ÉTOUFFAGE DES COCONS

A LA VAPEUR

ET

DE LEUR DESSICATION RAPIDE ET COMPLÈTE

Système CORNEILLE, de Trans (Var)

BREVETÉ S.G.D.G.

Depuis que les races Japonaises ont remplacé celles que la pébrine a fait disparaître, les filateurs ont rencontré de grandes difficultés, pour sécher ces petits cocons, qui moisissent très-facilement sur les claies, quels que soient les soins journaliers qu'on leur donne. Pour obvier autant que possible à cet inconvénient, qui prenait des proportions ruineuses, quand le mois de juin était pluvieux, certains industriels avaient adopté des étouffoirs à vapeur, dans lesquels on faisait passer au moyen d'une cheminée d'appel, un courant d'air chaud qui, en absorbant l'excès d'humidité des cocons, permettait de les porter sur les étendages, comme on le fait, sans recourir à ce moyen, quand le temps est beau.

D'autres, se laissant séduire par les avantages qu'on attribuait au système Betti, adoptaient ce procédé aussi brutal qu'expéditif et l'abandonnaient immédiatement après en avoir fait l'essai.

Le mal n'étant donc pas conjuré, on a cherché à rendre pratique le système Betti en le modifiant et M. Vareilles qui l'a fait d'une manière tres-intelligente a proposé et fait adopter par quelques fileurs, une installation bien moins dangereuse, mais qui ne fait pas et ne pourra jamais faire disparaître les inconvénients sérieux attachés à l'étouffage à l'air chaud et à la dessication rapide de tous les cocons, indistinctement comme on le pratique dans le système Betti et ses dérivés.

Ces inconvénients qu'il faut éviter à tout prix si on veut tirer des cocons toute la soie qu'ils peuvent donner, j'ai cherché à les combattre et j'y suis parvenu en demandant à la vapeur tout ce qu'elle pouvait donner de bon, et à l'air chaud tout ce qu'il pouvait produire sans danger. Les résultats que j'obtiens et qui se traduisent par un rendement de 5 0/0 plus fort que ceux qu'on peut obtenir avec tous les autres procédés expérimentés comparativement, me prouvent que j'ai résolu le problème et me font espérer que tous mes collègues s'empresseront de m'imiter afin d'augmenter leurs revenus et de s'affranchir de tous les soucis attachés à la dessication des cocons sur les claies, comme on la pratique partout.

Tous les fileurs savent comme moi que les cocons qui voyagent rendent moins que ceux filés sur place, tous ceux qui ont étouffé à la vapeur et à l'air chaud savent également, que les cocons traités par la vapeur se dévident mieux et rendent plus que les autres ; mais tous ne se sont pas rendu compte de cette différence de rendement, qui provient d'une cause unique, des malaises éprouvés par la chrysalide, quand elle voyage dans des paniers où l'air pénètre difficilement et de ceux qui précèdent son asphyxie dans les chambres chaudes ; une sueur acide se dégage de son corps, dans ces deux cas, altère le tissu du cocon et en rend le dévidage plus difficile et plus onéreux.

Dans l'étouffage à la vapeur, les choses ne se passent pas de la même manière, la mort de la chrysalide est beaucoup plus rapide et la vapeur d'eau en pénétrant les cocons annihilerait tous les effets de l'acide bombique, s'il s'en dégageait de son corps, comme cela a lieu quand la mort arrive lentement.

Cela étant reconnu, on ne doit plus songer à étouffer par l'air chaud et chercher seulement à parer aux inconvénients de la vapeur quand on a pris tout ce qu'elle a de bon.

L'étouffage à air chaud de Vareilles a un autre défaut bien grave qu'il s'agissait de détruire pour que la dessication rapide entrât dans la pratique, je veux parler de celui qui résulte de cette opération, quand elle est faite sans triage préalable au moment de la réception des cocons.

Dans mon système, cet inconvénient n'existe pas, en effet, après avoir étouffé les cocons à la vapeur, je les ventile mécaniquement et les sèche assez dans une demi-heure, pour pouvoir les manipuler sans risque de les bossuer ou de les abimer dans le triage qui suit immédiatement l'étouffage.

Le triage terminé et les cocons bien purgés, des faibles, des tachés, des morts, et en un mot, de tout ce qu'il importe de filer vite et frais pour en tirer bon parti et aussi des doubles qu'il n'y a pas grand intérêt à sécher et qui, dans tous les cas, exigeant plus de chaleur que les autres pour leur dessication, ne doivent pas s'y trouver mélangés, je les fais placer dans des cavagnes qu'on empile dans une des chambres chaudes qui peuvent en contenir, malgré leurs faibles proportions, 600 environ ou soit de quoi loger 2,400 kilgr. de cocons, qui seront assez secs au bout de quatre jours, pour être emballés, comme on le fait en septembre après le séchage sur les claies.

Les cocons ainsi séchés à 45 degrés Réaumur, se dévident comme s'ils étaient frais, font moins de frisons et presque pas de bassinés, parce qu'ils n'ont souffert, ni pendant l'asphyxie de la chrysalide de l'acide bombique qui se dégage de son corps, ni après sa mort, de son contact humide et prolongé qui, dans le séchage ordinaire les altère toujours plus ou moins. Il est, en effet, facile de comprendre qu'entre la moisissure apparente et celle qui ne l'est pas, il existe des degrés de mal, impossible d'apprécier à l'œil, mais qu'on constate à la bassine par un rendement bien inférieur à celui que j'obtiens avec mon procédé.

Quant à la dépense de combustible, elle est des plus minimes ; il suffit de deux centimes par kilogrammes pour sécher les cocons au point de pouvoir les emballer dans le courant de juin, c'est-à-dire au fur et mesure de la recette et d'en connaître, immédiatement après, le rendement certain, chose capitale pour les fileurs qui ont besoin d'avoir au plus vite des données sûres pour la vente de leurs soies.

Les filateurs à qui les explications ci-dessus ne suffiraient pas pour être convaincus du mérite de mes procédés, n'ont qu'à venir me voir et après leur avoir montré ce que je fais, je leur donnerai tous les renseignements qu'ils pourront désirer pour arriver à une installation qui, en ne leur laissant aucun regret, donnera bien les résultats avantageux que je déclare avoir toujours obtenus dans les nombreux essais comparatifs que j'ai faits avant de m'installer moi-même.

Quant aux conditions de cession de mon sytème, je les traiterai de vive voix ou par correspondance.

Trans, le 15 juillet 1873.

CORNEILLE.

SPÉCIALITÉ D'APPAREILS
POUR LA FILATURE DES COCONS

VAREILLES frères
CONSTRUCTEURS-MÉCANICIENS A CREST (DROME)

Étouffoir, séchoir (breveté S. G. D. G. en France et à l'Etranger), à courant d'air chaud forcé évacuant l'humidité des chrysalides d'une manière très-régulière.

Depuis l'apparition de ce système, six années environ d'études, de pratiques et de perfectionnements, ainsi que le nombre considérable d'appareils qui fonctionnent soit en France, Espagne, Italie et Japon, sont une des meilleures garanties sur ses avantages.

Par sa disposition, sa puissance de ventilation est telle, qu'en 20 heures environ il étouffe et sèche complétement 2,000 kil. de cocons, sans altérer la soie, ni noircir la chrysalide ce qui permettant de les emballer immédiatement, les met à l'abri des teignes, des rats, de la moisissure et de toutes les intempéries de l'air, quand il faut les sécher sur les tables.

Ces appareils fonctionnant naturellement sans aucune force motrice, offrent un avantage considérable, soit comme économie, soit comme facilité de les établir dans toutes les localités.

Par ce système que toute personne peut facilement conduire, on n'a pas à redouter les inconvénients des anciens procédés, et la recette devenant d'une grande facilité, donne une économie de plns de 50 0/0 sur la main d'œuvre.

Construction de filatures à vapeur complètes, avec bâtis en fonte et en fer, platelage en ciment ou en marbre (solidité et propreté). Bassines en cuivre ou en terre réfractaire avec double enveloppe, pour la conservation du calorique.

NOTA. — *Si on ne voulait qu'étouffer sans sécher, on pourrait faire* 18 *à* 20,000 *kilogr. par jour.*

Les tuyaux de vapeur et d'eau froide sont disposés à pouvoir se démonter avec la plus grande facilité.

Arrêt instantané des volets, soit par la fileuse, soit par le surveillant, pas de frein, ni ressort, ni contre-poids. Nayant aucun support sur le platelage, il permet une surveillance facile.

Meuletons et presses hydrauliques, système spécial pour la trituration complète des vers et la dessication immédiate (plus de mauvaises odeurs dans les filatures).

Battage mécanique des résidus de la presse, pour séparer les extras, sans frais et sans cuisson.

Machines à vapeur. Roues hydrauliques en fer de tous systèmes et de toutes forces.

Engrenages, poulies, manchons, arbres en fer tournés de toutes dimensions et ferrures diverses pour moulins à soies, à blé et papeteries.

Pressoirs en tous genres pour huile et vin.

Charpentes en fer pour toitures, grands vitrages et grosses construction métalliques.

Installation d'usine.

Le nom et le lieu où fonctionnent ces appareils seront donnés sur toute demande faite aux constructeurs.

COUPE MARIAGE

DE CLARISSE PERBOST

AU MOULINET, PRÈS LARGENTIÈRE

(Ardèche)

Ce procédé, breveté s. g. d. g., est le complément de **l'évite mariage Chambon**. Avec ce procédé, le bout étant instantanément et radicalement coupé, il ne s'enroule plus de soie à l'axe du tour.

Cet appareil est d'une application facile et n'exige pas d'entretien.

LA FABRIQUE LYONNAISE

SON PASSÉ, SON PRÉSENT

(Imprimé par ordre de la Chambre de commerce de Lyon.)

Nos lecteurs nous sauront gré de placer sous leurs yeux quelques pages de ce remarquable travail.

De même que l'industrie de la soie a été portée en Suisse, en Allemagne, en Hollande, en Angleterre par les réfugiés français fuyant devant la révocation de l'édit de Nantes, de même Lyon dut aux dissensions intestines de l'Italie son initiation à l'art de la soie. Louis XI eut le mérite de pressentir le rôle futur de l'industrie ; il appliqua à la développer toute la tenacité de son caractère, et ce fut un curieux spectacle de voir à ce moment la grande industrie des soieries faire simultanément sa première apparition sur plusieurs points du territoire, et naître à Tours en même temps qu'à Lyon, à Paris et à Nîmes.

En ce temps-là, on n'admettait pas d'autre moyen de venir en aide aux fondations nouvelles que de leur conférer des privilèges. La fabrique lyonnaise en trouva dans son berceau, et de très-considérables. Louis XI par ses lettres patentes qui font suite à son ordonnance du 23 novembre 1466, exempte d'abord les ouvriers qui viendront travailler à Lyon aux draps d'or et de soie, pendant douze ans, de toutes tailles et impôts, comme de tous aides, octrois, issues, faits de ville guets et gardes, etc., etc. Déjà, il avait mis sur la ville une imposition de deux mille livres, affectée aux dépenses de la nouvelle manufacture. Vingt-huit ans après, Charles VIII renforce ces priviléges. Par son ordonnance du 18 juillet 1494, il enjoint de marquer les étoffes de soie du sceau de la ville, défense est faite aussi de porter des draps de soie et d'argent des fabriques étrangères, en même temps qu'un inventaire général de toutes les étoffes de soie existantes est prescrit dans le royaume

Il devait entrer, en effet, dans la politique de François Ier, comme dans ses goûts de protecteur des arts, de presser le développement des manufactures de soiereis. Gênes était en rébellion ; il voulait la réduire, et, dans ce but, la posséder de ses fabriques et lui enlever ses ouvriers lui semblait d'une bonne politique. Aussi s'empressa-t-il d'ajouter de nouveaux priviléges à ceux déjà concédés. Aux termes de la charte qu'il donna en 1536, et qui fut enregistrée au parlement de Paris le dernier du mois d'août 1537, les ouvriers qui viendront se fixer à Lyon pour faire des draps d'or et d'argent, velours, satin, damas, taffetas et autres draps de soie, auront la faculté d'acquérir dans le royaume tels biens, meubles et immeubles que bon leur semblera, et disposer d'iceux par donation entre vifs ou testament. Leurs femmes, enfants ou héritiers, nés ou à naître pourront succéder comme s'ils étaient natifs du royaume, sans prendre lettres de naturalisation et d'aubaine.

Tous ces efforts ne tardèrent pas à être couronnés de succés. En effet, en 1554, sous Henri II, le nombre des maîtres et ouvriers, d'après un règlement présenté à sa sanction, s'élève déjà à 12,000. L'époque était d'ailleurs arrivée où la fabrique lyonnaise touche vraiment à l'âge adulte ; elle était en voie de contrebalancer la prééminence des manufactures italiennes, du moins en ce qui concerne le plein, le satin, les tissus simples. Parallèlement, près des métiers qui se multiplient, le nombre de mûriers s'accroît. Une déclaration d'Henri II du 14 juillet 1551, règle la plantation en tous lieux des arbres propres à la nourriture des *maignas* (*magnans*, vers à soie). Sous Henri IV (1601), le jardin des Tuileries, transformé en pépinière, renferme 20,000 pieds de mûriers ; à sa demande Olivier de Serres détache de son *Théâtre d'agriculture* le chapitre de la cueillette de la soie. L'élan est donné, la sériculture française est constituée.

Les inclinations nrtives de l'esprit lyonnais, ingénieux et patient, vont se donner maintenant librement carrière. Chaque jour amènera ses découvertes, ses innovations pour la transformation des tissus, la combinaison des armures et des dispositions. Dans la patrie de Jacquard, l'aptitude aux applications mécaniques fut, du reste, toujours comme une qualité du terroir. En 1608, Dangon invente une étoffe tramée laine ou fil, mélangée d'or ou d'argent ; à la même époque, avec Antoine Bourget, la guimperie en gazes, crêpes, toiles d'or et d'argent, prend naissance. En 1630, apparaissent les « Ferrandinées, » qui doivent leur nom à Ferrand, leur inventeur. En 1655, Ottavio Mey trouve le lustrage des taffetas blancs. La fabrique des bas de soie est importée d'Angleterre, par James Fournier. Charlier, un simple ouvrier, imagine une étoffe qui imite le point de tapisserie des Gobelins. Le père Sébastien perfectionne les procédés d'affinage et d'étirage de l'or. Dans toutes les branches de la production circule et se manifeste une sève féconde d'émulation.

Ici, le cours de cette prospérité brillante s'interrompit tout à coup. Certes, les guerres religieuses, les pertes, les fausses mesures politiques et économiques, avaient bien souvent ébranlé la fabrique ; mais la révocation de l'édit de Nantes (1682) creuse sous ses pieds un fossé où elle risque un moment de s'abîmer tout entière. A cette date, le nombre des métiers qui était de 10,000, est réduit presque subitement des deux tiers ; il ne restait plus à Lyon que 2,000 métiers quelques années après le fatal édit.

La fabrique lyonnaise, grâce à la vigueur de sa constitution, se remet peu à peu de cette secousse et répare ses ruines.

Le dénombrement de 1753 accuse 10.000 métiers employant 60,000 personnes. On comptait à cette époque 700 fabricants ; chaque année leur nombre augmentait, et telle est la vitalité de la fabrique à cette époque, que dans sa plénitude d'exubérance, elle irradie au dehors. Georges-François Simonet, fabricant de soieries à Lyon, va fonder à Tarare le tissage des mousselines. Par la vallée du Gier, où s'étaient installés depuis longtemps des moulinages de soie, la rubanerie tend à sortir de la ville pour remonter jusqu'à Saint-Chamond d'abord, puis à Saint-Etienne. Ces deux fabriques sont, au fond, des rameaux, issus de celle de Lyon qui leur a communiqué sa vie, comme elle a provoqué constamment dans le midi de la France la propagation des mûriers et les progrès de la filature et du moulinage. En 1775, suivant Buffet, inspecteur des fabriques, la France tordait en grande partie pour Lyon, 1,500,000 kilogr. de soies, sur lesquelles un peu moins du tiers était le produit de l'agriculture française et le surplus importé de l'étranger à l'état de grège.

Nous arrivons à 1787. Le mombre des métiers est de 18,000, ce qui portait à près de 80,000 au moins le mombre des personnes vivant du travail de la fabrique. Ces 18,000 métiers consomment 10 à 12,000 quintaux de soie, dont un tiers en soies du pays. C'est la plus brillante période des anciennes manufactures lyonnaises.

A la fin du XVIIIe siècle, la fabrique lyonnaise par ses dessinateurs, par ses fabricants, par ses ouvriers, par ses auxiliaires de tous ordres, avait supplanté ses émules et ses devancières ; les fabriques italiennes s'étaient abaissées lentement dans la décadence ; les autres fabriques de l'Europe commençaient seulement à naître. Entre le déclin des uns et le début des autres, celle de Lyon apparaît comme sans rivale et à son apogée, elle est bien la « grande fabrique » comme on l'appelait depuis longtemps.

Mais la révolution est là, une fois de plus la fabrique lyonnaise sera soumise à une terrible épreuve, la plus terrible de toutes celles qui lui ont été imposées par des événements sur lesquels elle n'avait aucune prise. Quatre-Vingt-Treize disperse ses fabricants, anéanti ses capitaux, ferme ses ateliers, les guerres lui enlèvent ses ouvriers, à peine 2,500 métiers battent encore. Toutefois, une nouvelle société a surgi des décombres de l'ancienne. Un autre siècle est né, et avec lui d'autres institutions, d'autres habitudes, d'autres mœurs. La disparition des classes privilégiées, la division des fortunes, le nivellement des conditions, l'avènement du grand nombre à l'aisance comme à l'égalité politique, la tendance démocratique en un mot, tout cela appelle graduellement la tranformation de la production industrielle. Il s'agira moins désormais de créer des produits somptueux, remarquable par leur richesse, que d'arriver à les mettre à la portée de tous, s'il est possible. Les bornes de la consommation sont déplacées, reculées, et les moyens d'action, la force productive ont grandi dans la même proportion.

Coïncidence providentielle ! Jacquard vient à ce moment servir ces efforts par son invention qui abaisse le prix de l'étoffe, en même temps que sa machine, en allégeant le travail de l'ouvrier, en modifiant ses conditions de logement et de vie matérielle, contribue à son amélioration moral. Exposé à Lyon pour la première fois, le 22 germinal an XIII (1805) lors du passage de Napoléon Ier, le métier de Jacquard ne reçoit, il est vrai, son emploi général que sous la Restauration ; mais, dès le commencement du siècle, il exprime l'évolution de la société issue de la révolution.

La tempête révolutionnaire à peine apaisée, la fabrique lyonnaise se relève, comme elle s'était relevée après la révocation de l'édit de Nantes. De 1804 à 1812, par suite du rétablissement de l'ordre et de la sécurité à l'intérieur, les métiers remontent à 12,000, nombre qu'ils ne dépassent pas pendant tout l'empire. Dès 1819, sous l'influence de la paix, les métiers s'élèvent à 20,000 ; de 1825 à 1827, ils atteignent 27,000 et en 1837, malgré les insurrections de 1832 et 1834, le nombre des métiers atteignait le chiffre de 40,000. A l'époque de la Révolution de 1848, ce nombre touchait à près de 50.000.

Les progrès de la sériculture marchent de pair. Les récoltes de soies en France, qui, de 1760 à 1789, dépassaient à peine 6 millions de kilogr. de cocons, atteignent 10 millions en 1825, 14 millions en 1840, 17 millions en 1845, pour toucher vers 1852, leur maximum dans le chiffre de 20 à 22 million de kil.

Il serait superflu maintenant de suivre de date en date, la marche de la fabrique lyonnaise. Aussi bien l'ère des expositions est ouverte ; ce sont elles qu'il faut consulter, comme manifestations officielles de la puissance et du progrès respectif des nations. C'est dans les rapports des jurys, où sont consignés les découvertes et les titres de chacune d'elles, qu'il faut aller chercher leur histoire.

A toutes les expositions du reste, la pensée de simplifier le produit, d'en déduire le coût, de lui conquérir par là de nouveaux débouchés, se dégage de plus en plus. Sous la Restauration, cette tendance pousse l'industrie lyonnaise à s'essayer dans les mélanges, où elle réussit et qu'elle a peut être trop vite abandonnés. Vers le même temps, lentement et par degrés, les métiers commencent à prendre le chemin de la campagne; les tissage rural s'apprête à devenir l'auxiliaire de celui de la ville, en attendant qu'il s'y substitue presque entièrement. La fabrication des articles bon marché fait rechercher les moteurs hydrauliques; la vapeur, à son heure, sera appliquée au tissage des soieries.

Le nombre des petites maisons décroît; le chiffre des affaires grossit; l'industrie lyonnaise perd peu à peu cette physionomie de petite fabrique, qui, à côté des usines de coton, de laine et de lin, lui donnait un caractère à part. L'époque de la grande industrie s'annonce de toutes parts, pour elle comme pour les autres industries; elle ne se dérobera pas à la loi commune.

C'est ici le lieu de dérouler le tableau de ses progrès depuis les premières années du siècle, en ne faisant appel, pour plus de sûreté, qu'aux documents statistiques.

Voici d'abord les relevés de la Condition des soies :

En 1807, cet établissement reçoit 362,557 kilogr. de soies ;

En 1824, il en reçoit 634,702 kilogr. ;

En 1844, 1,361,889 kilogr.

En 1854, 2,375,387 kilogr.

En 1864, 3,507,632 kilogr., chiffre qui devient la moyenne des dernières années.

Rapprochons de ce tableau, celui des exportations de soieries; il n'est pas moins significatif.

ANNÉES	SOIERIES			RUBANS	SOIERIES de toutes sortes y compris les passements
	PURES unies	PURES façonnées	mélangées		
Moyenne :					
1827/1836	55.7	19.8	5.2	26.9	121.4
1837/1846	53.0	29.3	8.1	29.7	134.7
1847/1856	113.2	36.4	17.1	78.7	274.7
1857/1866	218.7	37.7	36.2	75.8	414.0
1867/1872	318.9	5.0	18.0	80.1	465.0

Valeurs en millions de francs.

Pour satisfaire à ces exportations et à la consommation intérieure, la fabrique française a deux sources d'où elle tire sa matière première : la production séricole indigène et les importations de soies étrangères. Au fur et à mesure que la première, par suite de la maladie des vers à soie, devient de plus en plus insuffisante, on voit monter corrélativement l'importation des soies étrangères.

En effet, le montant des excédants laissés dans la consommation en soies grèges, qui était dans la période de 1837 à 1846, de 1,565,778 kilogr.; arrive en 1862 à 2,60 987 kilogr.

L'excédant en soies ouvrées, qui était, dans la même période de 1837/1846, de 412,000 kilogr., arrive à 1872, à 1,081,920 kil. Pour les cocons, l'excédant laissé dans la consommation présente, pour les mêmes époques, 18,441 kilogr. pendant la période 1837, 1846, contre 1,163,610 kilogr. en 1372. De leur côté les relevés de la condition des soies atteste, à titre confirmatif, la place qu'ont prises les soies étrangères dans la consommation lyonnaise pour combler le déficit laissé par les récoltes indigènes. Ces démonstrations statistiques se fortifient encore par la comparaison des importations de ses soies de Chine et du Japon en France et en Angleterre. Depuis 1760, les importations directes de soies de l'extrême Orient en France ont plus que quadruplé, tandis que pour l'Angleterre elles ont décru de 10,000 balles pendant la même période.

Aujourd'hui, la fabrique lyonnaise fait battre 120,000 métiers, dont une trentaine de mille seulement dans la ville, et le reste dans six ou huit départements environnants. Ces 120,000 métiers consomment annuellement plus de 2,200,000 kilogr. de soie; ils produisent au moins 460 millions d'étoffes, dont 350 millions pour l'exportation et 110 millions pour la consommation intérieure. Tous les genres sont compris dans cette production; les foulards écrus et imprimés, pour une somme de 50 millions; les crêpes pour 9 millions, les tulles unis et damassés, pour 11 millions; les velours dure soie ou tramés coton, pour 30 millions les satins pure soie ou tramée coton, pour 25 millions; les taffetas et failles couleur, pour 120 millions; les taffetas et failles noirs, pour 165 millions, les autres tissus unis, pour 10 millions; les tissus façonnés et brochés pour 8 millions; les tissus brochés et façonnés pour meubles et ornements d'église, 10 millions; tissus mélangés divers, 20 millions.

Quatre cents maisons de fabrique coopèrent à cette production, et le chiffre annuel d'affaires de plusieurs d'entre elles atteint, 10, 15 et 20 millions. Autour de la fabrique se groupent 80 maisons de marchands de soie et 80 maisons de commission qui, les unes et les autres, par leurs comptoirs établis près des marchés de production et de consommation, mettent la fabrique lyonnaise en rapport avec le monde entier. Plus de 500 grandes filatures, munies de 20,000 bassines, et 800 établissements de moulinage, faisait mouvoir 340,000 tavelles, disséminés dans les divers départements du bassin du Rhône, lui préparent sa matière première. Aussi dans le tableau officiel du commerce extérieur de la France, la fabrique lyonnaise représente-t-elle, en matière premières et en étoffes fabriquées, plus d'un milliard, c'est-à-dire près du sixième de la masse des importations et des exportations de la France; et affirmer que cette industrie, depuis la magnanerie jusqu'au comptoir du commissionnaire, donne le travail à

800,000 personnes, c'est certainement rester au dessous du chiffre réel.

Voilà, dans sa vérité, l'industrie lyonnaise des soieries ; tel a été son passé, tel est son présent. Entre ce passé et ce présent, la distance est grande. Placée maintenant au seuil de l'avenir, la fabrique lyonnaise l'aborde avec courage, mais sans vaine présomption : elle y entre forte surtout des aptitudes héréditaires, que quatre siècles ont léguées à ses ouvriers, et qui donnent a leur concours pour l'œuvre commune une valeur inappréciable. Elle y entre aussi avec les précieuses institutions que les besoins de son industrie, ses développements ont fait naître d'époque en époque, et qui sont aujourd'hui moins sa parure et son orgueil que les pièces essentielles de son vaste organisme.

Au premier rang de ces institutions, dans l'ordre technique, se rangent la Condition des soies sur le type de laquelle toutes celles de l'Europe se sont modelées ; le décreusage et l'essai public ; le magasin général ou docks des soies et de ses succursales de Marseille et d'Avignon ; une chambre syndicale pour le commerce des soies, une chambre syndicale pour les soieries, puis dans l'ordre de l'instruction professionnele, l'école de la Martinière, véritable institution polytechnique gratuite, à l'usage des classes ouvrières, chargée de fournir à la fabrique ses teinturiers, ses contre-maîtres et ses mécaniciens ; au-dessus l'école centrale, puis l'école de commerce, créée d'hier et déjà florissante ; et autour de ces institutions, comme leurs prolongements naturels, des cours professionnels de tissage, d'économie politique, de comptabilité à l'usage des femmes, etc.

Il y a enfin l'école Saint-Pierre, pépinière d'artistes et de dessinateurs où s'entretient la culture de l'art, inséparable de la fortune de l'industrie lyonnaise. Un musée d'art industriel, conçu sur un plan approprié à l'industrie locale complète, avec une bibliothèque, l'enseignement de cette dernière école.

Enfin, dans l'ordre de la prévoyance et de la sympathie envers les classes ouvrières, on rencontre, outre une caisse de prêts pour les chefs d'atelier, une foule d'œuvres de charité et de bienfaisance, que domine toute une grande société de secours mutuels avec caisse de retraites, pour les ouvriers en soie, la plus considérable de toutes celles qui existent en France, à laquelle la Chambre de commerce accorde une subvention annuelle de 507,000 francs et qui compte 5,000 sociétaires.

TABLE DES MATIÈRES

FRANCE

LYON

DÉPARTEMENTS

TABLE

RENSEIGNEMENTS

Moniteur des Soies. — Aimé Vingtrinier, imprimeur.

www.ingramcontent.com/pod-product-compliance
Lightning Source LLC
LaVergne TN
LVHW011956220826
846092LV00001B/194